***Patrick Tudoret** est l'auteur d'une vingtaine d'ouvrages et de pièces de théâtre. Son roman,* L'homme qui fuyait le Nobel *(2015) a connu un vif succès et obtenu, en 2016, le prix Claude-Farrère et le prix des Grands Espaces. Il a publié, chez Tallandier,* Petit traité de bénévolence *(2019) et* Juliette – Victor Hugo, mon fol amour *(2020) adapté depuis au théâtre.*

En marchant

Du même auteur

Aux éditions Mon Poche

L'homme qui fuyait le Nobel

Aux éditions Tallandier

Juliette – Victor Hugo, mon fol amour
Petit traité de bénévolence

Aux éditions Table ronde

Créances douteuses
Impasse du capricorne
La Nostalgie des singes
Les Jalousies de Sienne

Autres éditeurs

L'Écrivain sacrifié
Dictionnaire du pays Bigouden
Le soir des péninsules
Le bonheur et autres broutilles
Fromentin, le roman d'une vie
Les Maîtres d'autrefois – Belgique – Hollande
La Gloire et la cendre

MON POCHE
45, rue du Clos-Four – 63056 Clermont-Ferrand cedex 2

Patrick Tudoret

En marchant

Petite rhétorique itinérante

MONPOCHE

À ceux que j'aime, vivants
ou morts, à qui je pense…
en marchant.

« She walks in beauty, like the night
Of cloudless climes and starry skies,
And all that's best of dark and bright
Meet in her aspect and her eyes,
Thus mellowed to that tender light,
Which heaven to gaudy day denies. »

George Gordon Byron

« Elle marche dans sa beauté, semblable à la nuit
des climats sans nuages et des cieux étoilés,
tout ce qu'ont de plus beau la lumière et l'ombre
est réuni dans ses traits, dans ses yeux,
brillant de ces molles et tendres clartés
que refuse le ciel à la splendeur du jour. »

Ouverture

Le ballet lumineux des moissonneuses nous la joue dans la nuit façon *Rencontre du troisième type*. En ce mois de juillet, le travail bat son plein. Au matin, des dizaines d'andains, longs serpents blonds, font des champs une toile abstraite reflétant l'infini du ciel. Est-ce un hasard si notre thébaïde, entre plaine et coteau, à quelques encablures de la vallée du Loir, offre une vue à 180 degrés sur le chemin de Compostelle ? Certes, ce ne fut pas une condition *sine qua non* de notre mariage avec ces lieux bénis, mais très vite le « hasard » devint évidence. On connaît le mot, un brin galvaudé, de Paul Éluard : « Il n'y a pas de hasard, il n'y a que des rendez-vous. » *Rendez-vous* avait été pris.

Il est là-bas, le Chemin, à quelques centaines de mètres longeant un vaste champ de blé sous le soleil ardent, élan millénaire vers le sud, la Gâtine tourangelle. Des silhouettes de pèlerins s'y découpent parfois comme d'humbles figurines de plomb. Elles semblent surgir du fond des âges avec leur casquette de travers, leur bourdon, ou leurs bâtons de marche nordique, leur sac parfois imposant qui les fait ressembler à des dromadaires. Il m'arrive de les ravitailler en eau pour peu qu'ils consentent un petit crochet. Comme à l'abord des côtes, un amer les guide : « notre » église romane, modeste par ses dimensions, mais vénérable par son âge, comme on le dirait d'un vin… Sa silhouette blonde, coiffée d'ardoise bleutée, inonde de sa clarté le versant nord du jardin. Sa présence tutélaire ordonnance la fuite du temps, donne du poids aux heures « canoniales » qui scandent nos journées, même si, depuis longtemps, la cloche ne sonne plus… Ses neuf cents ans d'âge donneraient facilement le vertige, mais, au contraire, elle rassure, apaise, ancrée dans un vert cru digne d'une toile de Gauguin. Et c'est qu'on le voit de loin, son petit clocher aigu qui défie gentiment les nuages. À peine a-t-on basculé, en voiture, de l'autre côté du plateau qu'il nous fait signe de loin, convoquant des couleurs d'opale où donnent, le soir venant, les saignées du soleil.

Les pèlerins, aussi, voilà des siècles qu'ils arpentent cette via Turonensis[1], la plus ancienne

---

1. *Elle constitue une des quatre voies principales vers Saint-Jacques-de-Compostelle, avec la via Podiensis (partant du Puy-en-Velay), la via Lemovicensis (partant de la basilique de Vézelay) ou encore la via Tolosana venant de la ville d'Arles, d'où son autre nom de « chemin d'Arles ». Toutes se rejoignent, en Espagne, à Puente la Reina pour constituer le célèbre* Camino francés, *long d'environ 700 kilomètres.*

des voies partant de la tour Saint-Jacques, au cœur de Paris, et passant par la ville de Tours dont elle tire son nom. Capricieuse et multiple, on lui connaît de nombreuses ramifications, comme celle qui, depuis Chartres, épouse paresseusement les méandres du Loir. Au gré de ses oscillations, le Chemin passe par notre chère ville de Vendôme, joyau serti dans la pierre blonde et le vert d'eau, avant de filer plein sud.

Venant du faubourg chartrain, puis de la rue du Change, on longe la place Saint-Martin où trône, le doigt pointé sur l'horizon, l'effigie du maréchal de Rochambeau, vainqueur de Yorktown, héros de l'indépendance américaine. On passe devant l'abbatiale de La Trinité et son flamboyant portail, avant de gravir la rampe qui mène au château des ducs de Vendôme. Henri IV y passa enfant et revint enterrer sa mère dans ce fief des Bourbons qu'il céda ensuite à son fils naturel, le turbulent César, comploteur patenté. Une fois sur le coteau dominant la vallée, ce sera le grand large : direction Chanteloup, le hameau de La Vove, à la croisée des chemins, puis, en pleins champs, le long de la vieille voie ferrée : un trait oblique vers Villiersfaux, Ambloy, Sasnières et Prunay-Cassereau. Depuis plus de dix ans maintenant, ces noms me sont familiers, dessinant une topographie intime dont j'épouse les lignes subtiles et ne me lasse pas.

Je sais que je pourrais vivre ici, dans ce petit fief vendômois dont nous avons fait notre havre au milieu des champs, y vivre jusqu'à la fin des temps, écrivant et lisant, loin du vacarme du monde, sans regret aucun de tous ses vents mauvais. Enfin, que l'on se rassure, histoire de déminer tout ridicule, je ne poserai pas à l'aventurier retiré de tout, au Kessel des *Cavaliers*, au Thoreau du *Walden Pond* ou au Jack London des solitudes glacées… Lorsqu'il m'arrive de céder à une sensation d'*ensauvagement*, je me rappelle assez vite à l'ordre : on est ici à quelques kilomètres d'une gare TGV et le trajet jusqu'à Montparnasse ne dure que quarante-cinq minutes…

L'été entre par effraction par le portillon du jardin. Il était temps. Un soleil pâle affleure au ras du coteau et lisse, au loin, sa crinière verte. Quelques nuages filandreux, un air un peu vif encore. Dans ce havre champêtre, entre ses vieux murs mangés de mousse et le noble poirier dont les branches s'agitent mollement sous le vent, la rumeur du monde parvient comme assourdie. L'été s'incline en pente douce. C'est une de ces aubes où le ciel vous tombe dans la bouche comme un vin aux arômes puissants. Écrire et oublier.

Dans un silence votif rompu par le rire grinçant des volets, le jardin s'offre à la vue. Soudain, le ciel prend ce gris d'étain, regrettant le bleu, qui rappelle les toiles de Ruisdael ou de Van Goyen. Heure bénie où tout semble encore figé dans un lourd sommeil. Le grand poirier, encore lui (nous l'avons surnommé *The Lord of the Garden*), est là, imposant, près du mur d'enceinte, campé comme une vigie dominant les champs, et les oiseaux, peu à peu, s'agitent dans le figuier ou l'érable pourpre. Ils sont ici chez eux, ayant à cœur de nous le rappeler de leurs trilles insolents : « Salut les Parigots ! Alors, on nous joue la comédie du retour à la terre ? »

Il faut se hâter de flâner. Cette évidence résonne en moi comme jamais. Est-ce un effet paradoxal de l'âge – ou devrais-je dire, flirtant avec l'euphémisme – d'un certain mûrissement ? Je n'ai plus guère de patience. Possède-t-on dans ses jeunes années un stock de patience qui va s'épuisant, peu à peu, comme la force de contrition d'un pénitent ? Devrais-je au contraire gagner en sagesse et me confiner en patience comme d'autres en dévotion ? Et si cette impatience témoignait d'une autre sagesse, sagesse plus immédiate qui se heurte au grand large, celle dont Sénèque fut le héraut éloquent : « Pendant qu'on la diffère, la vie passe en courant » ? Marcher n'est pas différer la vie, bien au contraire, c'est donner, par l'ébranlement de son corps, le mouvement même de la vie. « Le monde est une branloire pérenne, rappelle Montaigne. Toutes choses y branlent sans cesse, je ne peins pas l'être, mais le passage. » Oui, devant cet écoulement inexorable du temps, la marche est école de patience et de lenteur. À cette impatience devenue chronique qui me vaut parfois des mouvements d'humeur, je ne sais, aujourd'hui, qu'un seul remède efficace : marcher.

Paysage extérieur. Paysage intérieur. Devant ce décor tant de fois contemplé, soudain, la rumeur de l'enfance me rattrape. Comme Pascal, j'aime ceux qui cherchent, j'aime ceux qui marchent. Cette profession de foi, car c'en est une, remonte à ma plus tendre enfance. Je n'en avais sans doute pas conscience, mais la marche constituait déjà mon mode de locomotion favori dans cette vie, ma manière de me tenir debout, dans les vents portants, comme face aux vents contraires. J'avais presque encore l'âge des barboteuses et un grand-père énergique, forgé au soleil d'Algérie, arpentait les boulevards de Marseille, avec ma main dans la sienne. Elle était chaude cette main, comme une ondée d'été, et ma menotte ainsi protégée, j'aurais pu faire le tour du monde. Pour l'heure, nous nous contentions de dévaler le boulevard Chave, depuis la rue Goudard où nichait alors le modeste appartement de mes parents, et d'aboutir au vieux port. Parfois, nous en remettant au tram (le *cram*, comme je persistais à l'appeler avec une langue qui fourchait) quand mes guiboles flageolaient, nous allions jusqu'au parc Borély, à quelques encablures des plages du Prado.

Le fameux parc Borély, je ne sus que plus tard, au gré des pages de Pagnol[1], que tante Rose y emmenait le jeune Marcel, les jeudis, pour y jouer, comme moi, sur les bords de l'étang. Elle y rencontrerait même l'oncle Jules qui la ferait convoler et ferait croire au neveu naïf qu'il était le propriétaire des lieux... Mon grand-père, répondant lui aussi au prénom de Marcel, intégrité personnifiée, n'eût certes pas été capable d'une telle galéjade, mâtinée

1. *Dans* La Gloire de mon père.

de belle forfanterie. Toujours est-il que gambadant à ses côtés comme un cabri du printemps, le marcheur que je devais être connut ses premiers émois. Plus tard, ayant migré vers la cité Menton, à deux pas du quartier Saint-Barnabé, mon aire de jeu s'agrandit et je privilégiai le vélo.

Les souvenirs abondent de cette enfance où, contrairement à beaucoup de mômes, je ne rechignais pas à marcher, toujours prêt à aller voir derrière la colline, celle du Garlaban si chère à Pagnol et beaucoup d'autres encore. Pendant longtemps, ensuite, j'ai marché en dandy survolté, en Tancrède Falconeri[1], ce héros juvénile qui dévore le monde à chaque pas, plein des naïvetés de son âge. Bien des années plus tard, je le fais aujourd'hui en prince Salina… Que l'on se rassure, rien d'immodeste dans cette comparaison. Je veux simplement dire que si mes rêves de jeunesse se sont pour beaucoup fait la malle… ou réalisés, je me plais aujourd'hui à faire en esthète ce que je fis longtemps à la hâte. Il ne fait aucun de doute que même les guépards, après quelques heures de « vol », souffrent d'arthrose et boitent bas. La devanture a un peu souffert, la voilure se fait désormais poivre et sel, augurant l'allure du Breton crevassé à laquelle j'étais voué.

Un récent séjour en Savoie, du côté des Trois-Vallées, à l'invitation d'amis chers, me l'a confirmé.

---

1. Personnage principal du Guépard, *chef-d'œuvre de Giuseppe Tomasi di Lampedusa.*

Le genou gauche tisonné par l'arthrose, enflé le soir comme une tête d'histrion, sonnait vaillamment le tocsin au rythme de mon pouls. « *No sport !* », telle était la célèbre ordonnance d'un Churchill, et j'eusse été inspiré de la suivre, mais un amour juvénile pour le tennis – qui dura un peu… – et deux luxations de la rotule m'auront été fatals… Dans ces parages alpestres à fort dénivelé, je n'ai dû ma survie, toute vanité bue, qu'à l'usage de cannes de marche scandinave, belle découverte s'il en est. Une chose est sûre : dans la marche comme au théâtre, il faut savoir changer d'emploi… Fini le jeune premier infatigable aux rotules bien huilées, fini même le sémillant *quadra* toujours prêt à défier le gamin qu'il fut. C'est en patriarche qu'il me faudra tantôt apprendre à marcher. Quand, en 1861, à Hauteville House, son bastion d'exilé de Guernesey, Victor Hugo décida de devenir Victor Hugo, c'est-à-dire de se faire ratiboiser la tête et de se laisser pousser une barbe qui deviendrait bientôt blanche, savait-il – je gage que oui – qu'il sculptait pour toujours sa statue de commandeur des Lettres françaises ? Autre époque, autre perception, certes, mais il avait mon âge… Allons, j'ai, en principe, encore du temps de marche devant moi et, à l'âge mûr, si l'on ne marche certes pas plus, on marche sans doute mieux, animé de meilleurs sentiments, de sensations plus subtiles, comme aiguisées par le fil du temps.

En parlant d'âge mûr, feu mon père, Armel Tudoret, qui embrassait à la fois la profession de commissaire divisionnaire de police – comme le célèbre héros de Simenon dont il assumait parfaitement le cliché – et la culture d'un honnête homme, frotté de littérature, était-il un « vrai » marcheur ? À tout le moins était-il un marcheur paradoxal, tenté de prendre sa voiture pour aller chercher le pain à deux pas, mais capable pour assouvir ses passions – au premier rang desquelles la pêche à la mouche, bien avant la chasse, je le crois – de remonter une rivière pendant des heures, affublé de cuissardes ou même de ce que l'on appelle un *wader*. Sur ce plateau de Millevaches, du côté de Tarnac, en Corrèze, qui avait sa préférence, et bien sûr, sur sa terre natale, aux environs de Huelgoat et des monts d'Arrée, les distances ne comptaient plus. De sa démarche de Breton qui me frappait quand j'étais enfant, les pieds légèrement « rentrés », il se révélait alors apte aux plus longs périples. Bravant certains dangers, il faillit plusieurs fois toucher le fond. Un rocher glissant, un trou d'eau, une chute, et le tour était joué, sa tenue pesant soudain une tonne, pouvant l'entraîner vers le fond. À deux ou trois reprises, me confia-t-il, il crut finir noyé, emporté par l'onde, comme cette pauvre Léopoldine Hugo ou la blanche Ophélie dans la *Tragédie d'Hamlet*.

Ses apartés avec les truites, je ne pus en vivre qu'un ou deux, tant ils étaient son domaine réservé, une solitude plus que consentie, voulue, attendue, rêvée, compensant les rigueurs d'un métier complexe qui me l'aura bien souvent volé. Sa vénération presque mystique pour les salmonidés dont il croisait la route allait jusqu'au refus de tuer. Ainsi, comme on le dit chez les initiés, pratiqua-t-il le *no kill*, remettant l'imprudent à l'eau après l'avoir délicatement libéré. Se récitait-il, en marchant à contre-courant, ces centaines de vers de Hugo ou de Racine ancrés dans sa mémoire jusqu'à un âge avancé ? Je ne sais. Je penche pour l'affirmative tant, à échéance régulière, ces retrouvailles rousseauistes avec la nature avaient sur lui un effet apaisant, régénérateur et même salutaire.

Marcher après un Graal, fût-il pisciforme, ou marcher sans but, mais avec la foi inébranlable de celui qui marche ? Qu'importe, au fond.

J'ai marché au bord du Néant

« Ce qui peut être dit et pensé doit être car l'être est et le néant n'est pas. »
Parménide d'Élée

UN JOUR, écrit André Hardellet, j'inventerai les signes de ma topographie personnelle : baisers dans les fougères, postes d'affût des grosses truites, coups de foudre, harems champêtres, traces de fées, moissonneuses nues, violettes hallucinogènes, arbres à casse-croûte, granges aux belles, cabarets en lierre, haltes du temps, sourires, etc.

Encore les truites… Ces « postes d'affût » renvoient à un souvenir d'enfance où ce bel écrivain allait, flânant, pêcher dans la Gloire, modeste rivière du département de la Manche. Côtoyer la Gloire, aborder les rives de la Gloire sans oser les franchir, tout Hardellet est là. Modestie qui me plaît. À titre personnel – écartons la gloire qui, soyons clair, n'est qu'une source d'emmerdements… –, j'aurais pu, comme trop d'êtres humains, marcher au bord de l'Aigre[1], qui coule en Eure-et-Loir, non loin de nos Pénates, mais ce n'est pas le genre de la maison. Ou marcher jusqu'en Sibérie pour barboter dans l'Amour, m'y baigner avec volupté. Il existe même, ai-je appris, une rivière cévenole qui répond au nom de Bonheur…

Moi, c'est le Néant qui m'intéressait, locataire tenace de nos jachères métaphysiques. Depuis longtemps, cette idée fixe faisait son chemin dans un canton de ma cervelle : marcher au bord du Néant… Aussi, une de ces aubes d'été, rose comme une communiante, suis-je allé marcher sur ses berges, tutoyer son cours capricieux entre étangs et forêts. La découverte que je fis alors résonna comme la plus grande nouvelle depuis que l'homme a marché sur la Lune, une véritable révélation pour l'espèce humaine… : le Néant n'existe pas ! Ou plutôt, il n'est qu'un humble affluent du Beuvron, s'étirant paresseusement, comme une jeune couleuvre, sur 40 kilomètres à peine… On est certes loin des 775 kilomètres de la Seine ou des 1 006 de la Loire. Et ne parlons pas de l'Amazone, du Mékong ou du fleuve Yangzi.

---

1. *Rivière affluente du Loir qui paresse entre Eure-et-Loir et Loir-et-Cher.*

Comme se le demande le philosophe François Flahault[1], le néant préexistait-il à l'Humain dans ce monde ? Non. « Le néant est une projection de l'Humain », un de ses multiples *cadeaux* fait à la philosophie... Merci à lui. « Le néant, qui n'est en fait nulle part (il y a bien toujours quelque chose où que l'on aille : pierres, micro-organismes, la terre, le ciel, les étoiles...), c'est en quelque sorte l'Humain qui l'institue par sa présence. » Le néant, projection de l'Humain ou, plutôt, fardeau pesant sur tout Humain si tenté par le nihilisme ? Cette question me taraudait lorsque je revins dans cette Sologne que j'aime. Le bourg de Saint-Viâtre était là avec ses deux clochers, l'un typique des églises solognotes, fusée ardoisée tendue vers le ciel ; l'autre, arrogant château d'eau, dominant les toits, déguisé en tour médiévale, bombant le torse, insolent. À sa source, du côté de Pierrefitte-sur-Sauldre, le Néant est bien proche du néant, ru si fragile, si puéril encore, qu'il semble hésiter à continuer sa route. Certes, remonter jusqu'à son lieu de naissance n'a rien d'une expédition de haut vol comme purent l'être celles de Burton et Speke dans leur quête des sources du Nil ; l'odyssée continentale se mue ici en randonnée balisée aux perspectives cantonales. Pourtant, il y a toujours entre la source d'une rivière – *a fortiori* d'un fleuve – et la fin de sa course une vie féconde qui s'écoule, grandit, s'épanouit, pour

1. *Voir* Le Paradoxe de Robinson, capitalisme et société, *Mille et une nuits, 2005.*

finir dans une union « séminale » avec une autre rivière, un fleuve ou encore la mer. J'ai toujours été ému par ces destins hydriques, par l'obstination millénaire de cette onde, comme la nommeraient les romantiques, tendue vers ce but ultime qu'est son propre anéantissement…

À propos d'anéantissement, revenons au Néant. Un peu plus loin vers l'ouest, tandis qu'il traverse Nouan-Le-Fuzelier et ses maisons à pans de bois, il n'est encore guère vaillant et ne mérite d'ailleurs aucun panneau à son nom. Le Néant est ici un néant topographique, mais apparaît bien sur les cartes. Il est tellement étroit à la sortie de Nouan qu'un marronnier obèse, déjà couronné de roux, le couvre entièrement de ses ramures. Juste avant, sur plusieurs centaines de mètres, il longe un camping, assoupi en cette fin d'été, puis la piscine municipale. Enfin, après le charme zen d'un massif de roseaux, il y a cet ancien lavoir providentiel où je m'abrite d'un déluge qui ne désarmera pas. J'ai mal choisi ma saison. Nous sommes pourtant dans les derniers jours du mois d'août, mais c'est un octobre précoce qui met le pied dans la porte. Le soir, ayant cheminé tout le jour, et malgré mon blouson imperméable à capuche, je suis trempé jusqu'à l'os, marquant d'une belle flaque l'entrée de ma chambre d'hôte… Fallait-il donc, pour se colleter avec le Néant, en passer par le Déluge ? Rarement une simple douche chaude m'aura paru à ce point un avant-goût de l'Éden.

La Sologne reste toujours pour moi le creux de la France qu'elle a été au moment du charroi énorme de ses sables, de ses argiles et de ses graviers ; un ombilic stagnant, encavé, que le vent ne visite guère et qui dort comme une mare sous son écume verte.

Ces mots de Julien Gracq m'habitent car j'ai pour actuel bréviaire, enfoui dans une de mes poches, un volume posthume paru chez Corti[1]. À la tombée du jour, « cette vie bestiale qui s'éveillait et semblait naître du silence même des feuillages rendait tout à coup l'esprit docile à la pente d'un conte de fées un peu noir[2]... ».

Au cœur des forêts, dans cet avant-crépuscule où les ombres s'étirent, d'opulentes propriétés entièrement clôturées interdisent le passage. Il faut donc ruser, contourner, suivre le cours de l'eau de près ou de loin, jeter un œil, souvent, à la carte IGN. À Neung, le Beuvron, qui passe nonchalamment sous un pont fleuri, n'a pas encore été rattrapé par le Néant. Le fruit de leurs noces, veillé par de grands arbres, ira prospérant, grandissant, pour se fondre à son tour dans bien plus grand que lui, modeste vassal épousant sa suzeraine, la Loire. Après des heures de traque obstinée, entre Vernou et Montrieux-en-Sologne, juste après le hameau de Villeneuve et son élégant château, le Néant trouve

1. *Julien Gracq,* Nœuds de vie, *José Corti, 2021.*

2. Ibid.

enfin le Beuvron. Alors, il l'engrosse, comme ça, sans façon. À cet endroit, la D13, long ruban rectiligne entre deux hautes futaies, enjambe leurs eaux mêlées.

Les lieux de rencontre – les points de confluence, comme disent les géographes – des rivières ou des fleuves et de leurs affluents ont toujours eu chez moi un fort pouvoir d'aimantation. Ainsi, du confluent modeste de la Brisse et du Loir, non loin de chez nous, près de Thoré-la-Rochette. Mais de tant d'autres à travers le monde : ceux que j'ai vus, ceux que je ne verrai jamais. Ils sont comme un aboutissement, une apothéose à la fois esthétique et mystique, la fin d'une quête, qui ne reprend avec un fleuve que pour aboutir à la mer.

Mais avant cette terre promise qu'est le confluent, je passe au lieu-dit Sainte-Marie, perdu dans la forêt. Là, le Néant prend enfin ses aises. Il fait bien quatre mètres de large, enflé de son nouveau statut de rivière « arrivée »... Cheminant parmi les ronces, toujours sous une pluie battante, je me dis, un brin fatigué, qu'il faut être sacrément masochiste pour s'infliger pareille épreuve. Ce chemin relève plus d'un exercice de survie de la Légion étrangère que de la marche dominicale de l'après-pot-au-feu. Je me dis encore que le Néant, au fil de ses métamorphoses, est œcuménique, flirtant aussi bien avec un toponyme répondant au nom d'Avignon – aux résonances particulières pour un auteur dramatique –, qu'avec la Communauté des Béatitudes Saintes Marthe et Marie de Béthanie ou encore l'établissement de pisciculture produisant le fameux Caviar de Sologne, au « Grand Cerneant », sur la commune de Saint-Viâtre. Cet élevage d'esturgeons réputé, dont je vois les grands bassins miroiter au loin, fournit, aujourd'hui, de grandes tables étoilées. Dans cette « Sologne des étangs » qu'aimait tant mon père – qui eût bien mérité le titre de « Raboliot honoraire » –, le Néant mêle aussi ses eaux à celles de cent étangs dont ceux de Malvaux, de Chalendron et des Marguilliers. Comme le dieu Shiva, il se démultiplie, a parfois plusieurs bras, mais finit toujours par retrouver son cours. Au gré de ses incessants caprices, j'ai bien failli me perdre, distrait un instant par le vol saccadé d'un agrion élégant ou la voix éraillée d'un geai, agacé de ma présence. Je n'ai, en revanche, pas croisé ces castors (plutôt nocturnes), qui ont, dit-on, colonisé la région, ni de vipères à collier. Je n'ai pas vu, non plus, de spécimens de cette grenouille-taureau, véritable menace pour la biodiversité, que l'on a semble-t-il récemment éradiquée ici. Mais, honnêtement, aurais-je su la reconnaître sauf à lui demander une carte de visite ?

Me retrempant avec émotion dans cette Sologne profonde, que je connais bien, fouillant même ses entrailles, je ne peux m'empêcher de penser à Alain-Fournier. Sa Sologne à lui n'est pas Loir-et-Chérienne. Elle a son épicentre à quelques dizaines de kilomètres d'ici, au nord du département du Cher, entre Nançay et La Chapelle-d'Angillon.

La Chapelle-d'Angillon, Henri-Alban Fournier y est né le 3 octobre 1886. Sa maison natale, celle de ses grands-parents, existe toujours avec ses fenêtres bordées de briques, soulignées de vigne vierge. Si le plus clair de son enfance se déroula du côté d'Épineuil-le-Fleuriel, dans le sud du département où ses parents enseignaient en classes primaires, il revint, avec sa sœur Isabelle, y passer de nombreux étés. Si j'évoque ici la figure d'Alain-Fournier, c'est que *Le Grand Meaulnes* est le livre des marches. Marches infatigables dont est capable Augustin Meaulnes dans les forêts environnantes (c'est d'ailleurs au cours d'une de ses longues escapades qu'il découvrira le domaine mystérieux qui les fera tant rêver, le narrateur et lui), mais aussi marches, au sens des confins, des marges lointaines, à la fois topographiques, géographiques, oniriques. C'est le rêve absolu qui éclôt ici, rêve exalté des enfants que nous fûmes, épris de courses folles, de marches fiévreuses, de rêves amoureux, de jeunes filles au regard limpide. J'ai toujours été d'accord avec Gracq pour penser que le rêve, la rêverie, sont « un état de tension accrue plus qu'un laisser-aller ». C'est même, pour moi, une exacte définition de la marche. Une mise en tension dans l'acception la plus forte, la plus noble du mot.

Ce « pays perdu », tant rêvé, tant exalté par la pensée, c'est loin de sa terre natale, aux Éparges, dans le département de la Meuse, que l'auteur devait le retrouver, fauché par le feu ennemi. C'était à l'automne de 1914, il n'avait que vingt-sept ans.

Pour clore cet épisode de marche en forêt, j'évoquerai cette randonnée de nuit que je fis en solitaire dans la forêt de Fontainebleau, beaucoup plus vaste qu'on ne le croit. Hommage en passant à Claude-François Denecourt, ancien grognard, nostalgique de l'Empire, qui, son reste de vie durant, arpenta cette forêt sans faillir, l'aménageant patiemment, balisant ses chemins de flèches bleues, la truffant de toponymes pour le moins pittoresques : « l'antre des druides », « la roche qui balance » ou « le bilboquet du diable »[1]...

C'était pendant mon service militaire, obligation civique, souvent salutaire, qui devait être abolie quelque dix ans plus tard. Soldat sans vocation, lesté d'un encombrant fusil de guerre, d'une carte d'état-major et d'une loupiote anémiée, j'avançais prudemment. À ce propos, si je puis me prétendre solide marcheur, je ne peux – ça ferait rire ma femme et mes proches – évoquer beaucoup de nuits passées à la belle étoile ou momifiées dans l'écrin d'une jolie tente Quechua... Je l'avoue, cette année passée sous l'uniforme et, à certains moments, sous le plafond bas d'une tente kaki, aura développé chez moi une âpre détestation du camping. Je tiens depuis à mon sommeil en « dur ».

1. *Esprit avisé, il publia même, en 1839, le premier* Guide du voyageur dans la forêt de Fontainebleau, *qui orna la poche de beaucoup de ses « marcheur-suiveurs » dont Lamartine, Hugo, Nerval, Dumas, Flaubert...*

Marcher seul

D'où vient que mes souvenirs les plus vifs, les plus ardents, sont souvent liés aux marches solitaires ? J'ai aimé, ô combien !, marcher aux côtés d'êtres aimés. Un souvenir parmi cent, tous aussi précieux : notre marche avec ma femme et nos deux filles alors adolescentes, jusqu'à ce nid d'aigle qu'est l'abbaye bénédictine Saint-Martin-du-Canigou, sur les contreforts des Pyrénées, à quelque 1055 mètres au-dessus de la grande bleue. Rarement un chemin escarpé, sinueux, pentu, nous aura autant stimulés, éblouis : patiente montée vers cette humble, mais splendide, Jérusalem céleste comme l'on vécue avant nous des milliers de moines, puis de touristes ébahis. Certes, elle ne fut pas la marche la plus difficile de notre pedigree pédestre – deux heures aller-retour, avec quand même un joli dénivelé pour de jeunes mollets… –, mais la splendeur du lieu, chef-d'œuvre du roman méridional, exaltée par le fait qu'il se mérite et exige du visiteur un certain effort, restera dans les annales familiales.

Doit-on faire crédit à Stevenson ? « Pour jouir vraiment d'une promenade à pied, clame-t-il, il faut aller seul. » Il est vrai qu'il y a dans la marche en solitaire quelque chose en plus : une ascèse, un élan qui tend vers soi et la puissance de soi, mais renvoyant à la plus stricte humilité. Marcher fait de nous un être fort, tendu vers un but, mais aussi un être seul, et faible à ce titre, moins apte à se défendre des agressions potentielles. On marchait rarement seul au Moyen Âge, ni même au cours des siècles suivants, le risque était trop grand et l'on sait beaucoup de voyageurs solitaires qui finirent avec une dague dans le dos pour l'appât d'une bourse, fût-elle des plus maigres…

> Pour certains, l'argument pour marcher à plusieurs tient à la sécurité, confirme David Le Breton, auteur d'une œuvre riche sur la marche […]. La peur, notamment, a moins lieu d'être à plusieurs où l'on peut mieux se défendre ou se rassurer mutuellement[1].

Cela vaut bien sûr pour des randonnées de haut vol, loin des sentiers sur-battus, dans des contrées isolées ou aux mœurs un peu rudes. Pour le reste, marcher à plusieurs a évidemment ses vertus. Marcher à deux est un autre idéal, comme je l'ai souvent fait avec ma femme. Encore récemment sur la côte basque, ralliant Biarritz depuis Saint-Jean-de-Luz par le sentier côtier taillé dans les falaises de *flysch*. Si l'un flanche, l'autre l'encourage. Si les deux flanchent, on s'assied, on boit un coup, on mange un morceau… Une chose est sûre en tout cas, pour moi, comme pour Brassens, qui le serine dans une célèbre chanson : « Le pluriel ne vaut rien à l'homme et sitôt qu'on est plus de quatre, on est une bande de cons. »

---

1. *David Le Breton,* Marcher la vie, un art tranquille du bonheur, *Métailié, 2020.*

Marcher seul… Seul est un grand mot tant on est accompagné quand on marche, même en solitaire. Peut-être, d'ailleurs, est-ce là, dans ces moments de communion intime avec ceux que l'on aime, que l'on est le plus proche d'eux, qu'on les aime comme on le doit vraiment et malgré la distance : à bout portant.

Mais revenons à la randonnée que je fis seul, donc, au cœur de cette forêt magique, dans un concert de bruits « inquiétants » (raîment d'un cerf – c'était sans doute en novembre et le brame était terminé –, glapissement du renard, chuintement de la chouette hulotte ou chevêche, ululement du grand-duc ou grognement des sangliers…). Le maigre faisceau de ma lampe balayait les abords du layon. Au bout d'une heure ou une heure et demie, je croisai une harde constituée de quelques biches, de faons et de deux daguets. Minutes bénies, temps et battements de cœur en suspens. Nous nous regardâmes, là, longuement, dans la pénombre, en chiens de faïence (un comble pour des cervidés). Leurs yeux luisaient dans la nuit comme des feux follets, tandis que j'essayais de ne pas les éblouir, de ne pas les faire fuir. Il fallut le craquement sec d'une branche morte – de ce bruit je n'étais pas même l'auteur tant je prenais garde à mes moindres gestes – pour qu'une femelle s'effraie, fasse un écart dans un taillis, donne le *la* de la fuite. Bientôt, je ne vis plus de loin que leurs culs blancs s'évanouir dans le faisceau lumineux. Il me faudrait encore deux bonnes heures pour aborder des parages moins « sauvages » et doté, Dieu merci, d'un certain sens de l'orientation, je parvins au lieu de rassemblement. L'aube pointait déjà.

Éloge du mouvement et de la « Liberté libre »

« Il faut choisir : se reposer ou être libre. »
Thucydide

Ce mot de l'historien grec Thucydide, fameux auteur de *La Guerre du Péloponnèse*, sont de ceux qui eurent, dans ma vie, l'effet d'une déflagration. Très jeune, découvrant cette sentence aussi affûtée qu'une dague, une de mes plus anciennes intuitions venait d'être validée : il y avait, de toute évidence, une corrélation entre la liberté et le mouvement.

Dans nos manuels de philosophie et nos cogitations métaphysiques adolescentes, lestées en ce temps d'arômes de tabac et de café chaud, il y avait d'un côté Parménide et de l'autre Héraclite. Parménide d'Élée, père fondateur de l'ontologie – né à la fin du vie siècle avant J.-C. –, était le héraut d'un monde « statique » où la permanence prévalait. Héraclite – né à Éphèse vers 544/541 avant J.-C. –, apôtre du mouvement perpétuel, était son plus sérieux « rival ». Ainsi, deux écoles devaient-elles s'affronter pendant plus de deux millénaires et le débat, à vrai dire, n'est pas encore clos. Pour les Éléates, partisans de Parménide et de l'unité fondamentale, le monde sensible ne saurait avoir d'existence réelle. C'est pour soutenir cette conception que Zénon d'Élée fourbit ses fameux paradoxes : Achille et la tortue, ou la Flèche qui fend le ciel en restant immobile… Pour les philosophes ioniens, adeptes d'Héraclite, au contraire : « On ne se baigne jamais deux fois dans un même fleuve » tant tout est multiple, flux, impermanence, écoulement infini du temps et des choses.

> Le mouvement est mouvement et agit comme mouvement en tant et seulement qu'il est en rapport avec les choses qui en sont privées ; mais en ce qui concerne celles qui y participent toutes également, il est sans effet ; il est comme s'il n'était pas. Le mouvement est comme rien !

Ces mots qui fondent ce que l'on appelle la « relativité galiléenne » ont, de prime abord, de quoi dérouter. Pourtant, ils inspireront Einstein et bien d'autres penseurs majeurs. Une chose est pourtant sûre dans notre monde, comme l'avait noté Héraclite : même s'il « est comme rien » et seulement relatif, le mouvement agit sur tout et tout est mouvement ! Einstein lui-même eut longtemps la conviction d'un univers statique et il fallut que Georges Lemaître, Alexandre Friedmann et George Gamow[1] prouvent le principe d'un univers en expansion pour qu'il finisse par embrasser leur cause.

Vertige

L'espèce humaine, si prompte à prendre la route, est moralement plutôt statique, trop souvent ennemie du mouvement intellectuel ou spirituel. Elle est pourtant propulsée avec la terre à quelque 100 000 kilomètres par heure dans sa rotation autour du Soleil et avec la Voie lactée à près de 2,3 millions de kilomètres par heure, soit 630 kilomètres par seconde... Le mouvement, toujours le mouvement. On peut aussi être aujourd'hui à la fois confortablement assis dans un fauteuil et propulsés à 1 000 kilomètres par heure (dans un Airbus) ou à 300 kilomètres par heure (dans un TGV). Une chose est sûre, le monde est mouvement, la marche est mouvement, elle en est même une célébration, pour ne pas dire une incarnation. Elle est même encore plus, pour moi, une mise en mouvement de l'âme et de l'esprit que du corps lui-même.

---

1. *Georges Lemaître (1894-1966), chanoine, astronome et physicien belge ; Alexandre Friedmann (1888-1925), physicien et mathématicien russe ; George Gamow (1904-1968), physicien et astronome américano-ukrainien, qui méritent bien un petit hommage ici.*

Nous aurons l'occasion d'y revenir. Ce mouvement, Jacques-Alain Lachant l'a parfaitement analysé dans ses ressorts physiologiques[1], quand un Boris Cyrulnik en dit les bénéfices majeurs :

> Quand on pense à simplement mettre un pied avant l'autre, respirer, regarder la carte ou le paysage et en parler avec un ami, on échappe à la prison du passé, on rumine moins. Quand on marche en se taisant c'est un équivalent de méditation. Quand on marche en parlant on tisse un lien sécurisant. Étonnez-vous qu'à la fin on se sente mieux[2] !

Une récente étude menée à l'université de Stanford montre que nos capacités créatives augmentent en moyenne de 60 % lorsque nous marchons, par rapport à la position assise, et qu'une simple marche de cinq à quinze minutes – même en intérieur – a un effet bénéfique sur notre cerveau. Les avancées de nos connaissances en matière de neurosciences le confirment : c'est souvent dans une situation de pleine disponibilité de notre cerveau, lorsqu'il n'est pas affecté à une tâche unique, que les idées nous viennent. Cela, les écrivains le savent bien qui dénouent souvent un

---

1. *Jacques-Alain Lachant,* La marche qui soigne, *Payot, 2015.*

2. *Préface de* L'Empreinte de la marche, *Éditions Selena, 2020.*

blocage « inspirationnel » en quittant la position assise et en osant quelques pas. La marche, vaste source de bienfaits pour le corps et l'esprit, la cause est largement entendue.

Redressement postural

Avant le *zôon politikon* – l'animal parlant cher à Aristote –, l'hominien aura connu bien des métamorphoses et l'anthropologue André Leroi-Gourhan en décrit l'épopée dans *Le Geste et la parole*[1]. Tandis que les grands singes anthropoïdes – même s'ils ont un vrai langage – ne disposent pas dans leur appareil cérébral de quoi élaborer un langage « structuré », l'humain a depuis des millions d'années un cerveau apte à la parole et aux sons articulés. Mais c'est entre l'Australopithèque et le Néandertalien que se produit la grande évolution du cortex cérébral : l'ouverture de l'éventail cortical. Le développement progressif des capacités phonatoires n'a, on le sait, été possible que par l'accès à la station debout. Ainsi, le lent redressement postural et la capacité de l'espèce humaine à devenir bipède ont-ils été cruciaux dans le processus d'hominisation. En ce sens, la marche, il est important de le rappeler, est un acte primordial dans la double acception du mot : primordial dans les temps immémoriaux, permettant à

---

1. *André Leroi-Gourhan,* Le Geste et la parole, *Albin Michel, 1964.*

l'hominidé de devenir un jour *Homo sapiens*, mais aussi primordial au sens de ce qui nous fonde. Aussi, marcher est-il pour nous tous un acte à la fois fondateur et constamment (ré)générateur.

Ainsi, la marche, ce mouvement pendulaire si bien saisi par Giacometti dans son *Homme qui marche*, est-elle, comme le style, le propre de l'homme. Giono n'écrira-t-il pas que, pour lui, la marche est avant tout une affaire de style ? On ne peut qu'être d'accord avec lui, d'autant qu'il fut, à la fois, un grand styliste et un solide marcheur.

Avant lui, dans quels replis littéraires sur le mouvement peut bien nicher la liberté ? Et, mieux encore, la *liberté libre* ? Au risque de donner dans le cliché pour classes terminales, on se souvient qu'un certain Jean Nicolas Arthur Rimbaud, né en 1854 à Charleville-Mézières, fut tout au long de sa vie un marcheur passionné, un « homme aux semelles de vent », selon la belle expression de Verlaine. On se souvient aussi qu'il fut, au moins tout autant, un chantre absolu de la liberté, validant l'irréductible parenté qui existe entre la marche et elle. Non content de ce concept si dévoyé de liberté au nom duquel tant de crimes avaient été commis, il porta sur les fonts baptismaux la *liberté libre*. C'est dans une lettre, datée du 2 novembre 1870 (il a seize ans à peine), à son professeur de rhétorique Georges Izambard, qu'il a cette célèbre « profession de foi » : « Je meurs, je me décompose dans la platitude, dans la mauvaiseté, dans la grisaille. Que voulez-vous, je m'entête affreusement à adorer la liberté libre… »

J'aime toujours le Rimbaud de mon adolescence dont j'ai lu, je le jure, le moindre acte notarié de sa période commerçante. J'aime moins l'icône vulgairement « guevarisée » qu'il a pu devenir, sacrifié à la superficialité des temps. Mais passons... Éprouver un sentiment de liberté n'est pas d'une occurrence si rare. Beaucoup d'épisodes d'une vie – et, contrairement à certains idéologues blasés, il faut toujours en savoir gré à notre vieil Occident démocratique – permettent d'en mesurer les bienfaits. En revanche, la *liberté libre*, forme la plus élevée de liberté qui confine à la grâce, sommes-nous tant que cela à pouvoir l'éprouver au quotidien, enlisés que nous sommes dans les ornières de la routine, de la matière, de la satiété ? Cette grâce, parce que c'en est une, c'est en marchant que je l'ai le plus souvent ressentie. En écumant une ville et ses rues pulsatiles : Paris, Rome, Shanghai, Londres, Lisbonne ou New York ; en embrassant du regard l'infini d'un paysage de plaine, de mer, de montagne ; en admirant l'ondoiement des collines. Le paysage nous renvoie tant d'impressions sublimes que les sens n'y suffisent plus.

« Le bruit terrassera le monde »

Cette prophétie est de ce vieux ronchon de Vladimir Nabokov. Parvenu à l'âge mûr... ou disons d'une certaine sagesse, je pense qu'il avait raison. S'il est bien une chose qui ensevelit le monde, en dehors de la bêtise, si chère, si consubstantielle aux humains, c'est le vacarme, qui en est à la fois le symptôme et le sceau. A-t-on remarqué à quel point l'intelligence est souvent discrète, quand la bêtise s'étale, à la une des gazettes, dans les stades ou le bocal télévisuel ? N'oublions jamais que l'ennemi de la parole, ce n'est pas le silence, mais le bruit, le bavardage, le vacarme, l'insignifiance vibratoire.

À cette devanture bruyante, obscène, je préférerai toujours ce que Montaigne appelait l'arrière-boutique, celle « toute franche, toute nôtre, en laquelle s'établit notre vraie liberté ». Inutile de dire que, pour moi, entre la *liberté franche* de Montaigne et la *liberté libre* chère à Rimbaud, se joue bien plus qu'un pléonasme.

S'affranchir du fracas du monde, au moins à certains moments, dans nos vies si contraintes, voilà un enjeu de taille, un élan. Le pas décisif vers la *liberté libre* peut se faire sous les espèces de l'art, de la marche, ou des deux à la fois. Ce n'est pas un hasard si beaucoup d'artistes furent aussi de grands marcheurs. L'art n'éclôt-il, dans sa pleine acception, que dans un contexte de tension, de mouvement ? Tension productive, dialectique, créatrice, autant qu'inutile, n'ayons pas peur des mots. « *Polemos*, le combat, est le père de toutes choses », rappelait Héraclite, encore lui, constat auquel Hegel répondit bien plus tard par son fameux : « Les périodes de paix sont les pages blanches de l'histoire. » Bien sûr, il ne s'agit pas ici d'évoquer – ou plutôt même d'invoquer – la guerre, au sens historique et sanglant du terme, mais au sens qu'elle doit être déclarée à tout ce qui rapetisse l'homme, le ravale au rang d'animal rampant uniquement préoccupé de son bien-être, de son ventre, de son rassasiement matériel et bien peu de son statut d'animal debout, uniquement conquis par l'art, l'amour ou le sacré. La marche aide prodigieusement à cela. Ainsi, pour moi, est-elle le contraire de l'errance. Non pas en ce sens où il faut absolument lui assigner un but – je révère ces formes de marche que sont la flânerie, la déambulation –, mais elle est une formidable mise « en tension » créatrice. Je le crois profondément en tout cas, tant marcher me permit bien souvent d'aborder des terres nouvelles, de démêler l'écheveau de livres en cours, de projets enlisés.

Spernere mundum

Charles Wright, auteur d'une belle célébration de la marche[1], constate que : « Décidément, le marcheur est l'homme de l'occasion, un flâneur qui fait provision de surprises au fil du chemin. » Oui, c'est aussi cela la *liberté libre*, cette acceptation de « l'incident », non pas au sens que nous donnons habituellement au mot, mais au sens de ce qui advient, de ce qui nous arrive, nous est donné en quelque sorte (du latin *incidere*, « ce sur quoi l'on tombe… »). La marche, c'est aussi la

1. *Charles Wright,* Le Chemin des estives, *Flammarion, 2021.*

liberté des rencontres, cette richesse infinie. Wright, encore lui :

> La sécurité sociale devrait prescrire ce genre de voyages à tour de bras. À cette école buissonnière, on apprend la joie de la rencontre, l'art de saisir les circonstances et de s'amuser de tout.

Car il y a, à n'en pas douter, l'art du pas rectiligne, sans grande fantaisie, peu frotté d'ironie, mais aussi l'art du pas de côté. Ce pas, je me targue humblement d'en être coutumier. Il permet de mettre le monde à distance, de l'observer avec ironie, humour et autodérision. Ainsi, rarement ai-je autant ressenti qu'en marchant l'impératif énoncé par Bernard de Clairvaux, dans sa quête de la perfection ascétique : « *spernere mundum*[1] », mépriser le monde. Non pas au sens du mépris trop commun chez l'humain, mais du détachement du monde, de cette aptitude à s'en moquer, à échapper au miroitement obscène des vanités dont il s'enfle comme un poisson-globe. Pour autant, « mépriser le monde » ou s'en moquer, ce n'est pas obstruer le sas des rencontres, au contraire, c'est leur donner un sens qui ne soit plus celui de la simple civilité de façade. Alors, oui, la marche est bénévolente, au sens donné par les Anciens à ce mot que j'ai

1. *L'expression dans son entier est* spernere mundum, spernere neminem, spernere se ipsum, spernere se sperni *(mépriser le monde, ne mépriser personne, se mépriser soi-même, mépriser d'être méprisé).*

voulu remettre sur le devant de la scène[1]. Elle est un moyen d'aller vers l'autre, un élan vers l'autre dans une sorte d'enfance retrouvée. À ce propos, un mot de Paul Ricœur me revient qui « cale » les choses mieux que tout autre : « Le plus court chemin de soi à soi passe par l'autre… »

Sans nul doute, la *liberté libre* inspira-t-elle André Suarès quand il écrivit dans son magistral *Voyage du condottière*[2] : « Le voyageur est ce qui importe le plus dans le voyage. Tant vaut l'homme, tant vaut l'objet. » N'est-ce pas la personne, au sens fort du mot le voyageur lui-même, qui bâtit la *liberté libre*, la profondeur de champ, dans lesquelles se déroule son propre chemin ?

Profondeur de champ

Sur les toiles de ce merveilleux imagier qu'est Joachim Patinir (ou Patenier, comme on le dit parfois à l'ancienne), cette profondeur de champ que j'évoque explose, avec des fleuves sans fin, des *burgs* gothiques coiffant des pitons rocheux, des arbres échevelés, la trouée verte des champs fertiles, des chemins escarpés, des ciels de traîne lestés de lourds nuages, des monts bleutés que fige

---

1. Petit Traité de bénévolence, *Tallandier, 2019, puis Pocket-Agora, 2021.*

2. André Suarès, Le Voyage du condottière, *Le Livre de Poche, 1996.*

l'horizon, comme un épitomé de la vie, de nos vies, vies changeantes, affolées, aux brisures multiples.

Mais, s'il est une image qui pour moi est la quintessence même de la quête ambulatoire ou, disons-le, de la *liberté libre* et de la profondeur de champ, c'est *Le voyageur contemplant une mer de nuages*, de Caspar David Friedrich, daté de 1818, conservé à la Kunsthalle de Hambourg. Le voyageur est là, de dos. Il s'est hissé sur un éperon rocheux dont on imagine qu'il ne fut pas facile à atteindre. Autour de lui, la montagne et ses traits aigus, noyés dans une sorte de *sfumato*. Où commence le manteau des nuages, où finit celui des brumes ? Tout dans cette composition, d'inspiration romantique, suggère les lisières, les marches, une aube lustrale qui se lève sur un monde neuf. L'homme qui domine ainsi le monde semble le sonder dans une sobre allure de défi. Il porte une banale redingote noire qui pourrait aussi bien être celle qu'il met, chaque jour, dans sa vie « terrestre ». Il n'a pas de sac sur le dos, ni d'équipement « pro », quant aux « chaussures de marche », de simples bottines ont visiblement fait l'affaire… Le seul outil dont il dispose : une canne filiforme, plus proche d'un simple stick que du bourdon jacquaire ou, *a fortiori*, d'un piolet d'alpiniste. Ce pur éloge du dilettantisme, de l'amateurisme, au sens noble, me plaît. Si je suis bien obligé de me reconnaître écrivain « professionnel », au sens même du métier, de l'humble artisanat que ce métier est avant tout, je ne suis qu'un marcheur amateur et revendique hautement cet amateurisme-là… Est-il, d'ailleurs, des marcheurs professionnels ? À part les légionnaires, les guides de haute montagne, les sherpas et ceux qui concourent aux Jeux olympiques, je ne vois pas. Les facteurs, peut-être, mais ils sont plutôt cyclistes ou motorisés. Oh ! certains se donnent volontiers l'allure de professionnels de la marche, bardés d'équipements divers, glanés Au Vieux Campeur ou chez Decathlon, caparaçonnés comme des gladiateurs… « L'habit fait le marcheur », écrit Jacques Lanzmann dans un de ses livres-hommages à la marche qu'il pratiqua avec passion. Même si j'ai la plus grande sympathie pour lui, grand arpenteur du monde, je pense exactement le contraire. Si j'ai vu, sur certains clichés, l'élégante silhouette de Bruce Chatwin, en tenue de dandy-marcheur – short kaki, chemise safari, chaussettes au cordeau et chaussures de prix –, je l'avoue, il m'est bien souvent arrivé, marcheur opportuniste, de m'aventurer sur de belles distances sans voilure adéquate. D'ailleurs, il n'est pas nécessaire d'aller très loin pour bien marcher. Une marche « quantitative » ne vaut pas plus qu'une marche « qualitative », si celle-ci porte en elle suffisamment de densité, de joie, d'allégresse et d'élan.

> Une autre dimension du réel s'ouvre, note David Le Breton, marquée par la sérénité, la beauté. Le silence qui y règne parfois est un fleuve aérien qui enveloppe le marcheur, l'emporte dans son courant, affûte ses sens et élargit un sentiment de résonance sans défaut avec les mouvements du monde.

Évacuons le cliché : la souffrance, même s'il lui arrive sans préavis de croiser nos routes, n'est pas forcément consubstantielle à la marche. Elle n'est pas, en tout cas, l'aune absolue qui permet d'en mesurer la grandeur ou la beauté.

Pour moi qui n'ai jamais eu l'esprit de classe, ni de caste, la marche est aussi un puissant dissolvant d'inégalités. « L'uniforme » du marcheur – il suffit d'un tee-shirt, d'un pantalon ou d'un bermuda (pour échapper au grief de l'atteinte aux mœurs), et d'une bonne paire de chaussures – est un joli niveleur d'« âmes » et rend le commerce aisé avec autrui quand un habit de soirée ou un uniforme de maréchal russe le tiendrait plutôt à distance…

*Conjurer l'*hybris

Je suis, en matière de marche, comme en beaucoup de choses, adepte de l'équilibre, de l'harmonie, telle que les Grecs – farouches ennemis de l'*hybris*, de cette démesure si commune à l'hominien et des désastres qu'elle provoque – la définissaient. Ainsi, pour user d'une analogie bien commode, suis-je adepte de la griserie, de l'ivresse, que procure cette sorte d'état de grâce que la marche nous offre, plutôt que de cette euphorie du coureur (ce que les Anglo-Saxons nomment *runner's high*) que la course – le *running*, comme le nomment aujourd'hui ses adeptes – permet d'atteindre. Si la marche est le mode de déambulation naturel de l'Espèce, alors, la course en est une version « hystérisée ». Elle était bien utile, c'est entendu, pour poursuivre un gibier ou échapper à un prédateur dans les temps paléolithiques. Aujourd'hui, il s'agirait plutôt de préserver son souffle et son cœur, de se garder de l'obésité elle aussi galopante ou de gagner aux Jeux olympiques ; mais à chacun son rythme...

S'il m'est arrivé de marcher en montagne, dans les Alpes françaises ou suisses, je ne suis pas un marcheur alpin et certes pas un *trekkeur* himalayen. Je serais plutôt un marcheur des plaines ou des collines, voire des boursouflures hercyniennes qui bousculent le Massif central. Je suis peu adepte de la « haute montagne », mais le goût de la « montagne à vaches » et de la tomme de Savoie remonte à loin chez moi : un séjour que je fis vers quatre ou cinq ans, avec père, mère et sœur, tandis que je sortais d'une coqueluche carabinée, en proie à de violentes crises d'asthme. C'était à Ancelle (Hautes-Alpes), qui est aujourd'hui une station cossue quand elle n'était alors qu'un village perdu. Pour ce qui est des cimes – qu'on me le pardonne, je vais en faire bondir certains... –, je n'ai jamais été pleinement admiratif des exploits d'alpinistes, même des plus grands, ni des « athlètes » de l'extrême quels qu'ils soient. À jouer au toujours plus loin dans la performance physique avec une rage qui confine à l'*hybris*, on finit par ne pas aller bien haut et, pour moi, rien ne ressemble plus à l'horizontalité que cette verticalité-là. *Idem* de tous ces records sportifs[1], école quantitative du petit surpassement humain. Ainsi, dans la quête obstinée du toit du monde – la conquête de l'Everest –, la figure du sherpa Tensing Norgay, pétrie de foi, pleine de révérence pour la spiritualité des lieux et n'omettant pas les offrandes rituelles à Chomolungma, « déesse mère des vents », m'a-t-elle toujours semblé plus belle que celle du fort honorable sir Edmund Hillary. La vraie verticalité ne peut être que spirituelle, morale, intellectuelle, et les plus grands ascensionnistes, pour moi, ont toujours été les mystiques, les rêveurs d'absolu, les « buveurs de déluge ».

Cette *hybris* matérialiste, si symptomatique de nos sociétés, ce trop-plein de vide que nous tentons vainement de combler par l'excès, n'a jamais été un moteur dans ma vie. Tiédeur ? tenteront d'objecter certains. Non pas ! Dieu vomit les tièdes, et tiède, je sais ne pas l'être dans bien des domaines. Simplement, l'expérience de la vie m'a enseigné que je n'avais pas un tempérament addictif et j'en suis bien aise. Pour avoir, entre autres, coanimé une émission sur les addictions avec ce grand spécialiste qu'est le Dr William Lowenstein, je sais qu'elle guette l'humain comme le loup la brebis. Outre toutes les substances toxiques – elles sont

---

1. Dans le domaine de la marche athlétique, hommage sincère tout de même à Yohann Diniz, qui fut champion du monde et collectionna les records.

nombreuses – qui peuvent nous bousiller la santé, le sport lui-même, à commencer par la course, en tant que producteur d'adrénaline, de dopamine ou de sérotonine, peut être un puissant stupéfiant. Nombre d'*accros* au sport à outrance (bigorexie) en viennent ainsi à consulter les spécialistes. Pour avoir, pendant quatre décennies, joué au tennis à un niveau honorable et fait quelques tournois, je sais les dégâts que ce sport exigeant pour les articulations peut occasionner à long terme. D'ailleurs, belle ironie s'il en est, c'est au moment même où j'écris ce livre que j'enregistre, sur l'échelle de Richter, mes plus belles crises d'arthrose. Dois-je les faire homologuer ?

Ainsi, ceux que j'appellerais les *dromomadaires*, avec leur éternelle bosse sur le dos (le sac à dos, emblématique de l'imagerie du marcheur), sont-ils des arpenteurs névrotiques, inlassables, du monde et de ses chemins. Avantage métabolique dont je suis heureux, marcheur passionné, mais dilettante, je n'ai jamais versé dans la dromomanie. Sylvain Tesson, au verbe ambulatoire et inspiré, dont je lis les livres avec volupté, se définit, lui, comme un dromomane[1], c'est-à-dire un marcheur effréné, « possédé », qui ne connaît de limites que celles que lui impose son propre corps. On sait que cette limite, il la rencontra un jour, ou plutôt une nuit,

---

1. *Ne dit-il pas avec humour : « La dromomanie, on en meurt (comme Rimbaud) ou l'on en devient idiot, je sais de quoi je parle, j'en suis atteint » ?*

je crois, en tombant du faîte d'une maison où il rémunérait une autre addiction : la stégophilie ou passion de s'aventurer sur les toits.

Un monde dans le monde
L'ellipse et le marcheur

« Il est plus confortable de suivre un parcours tout tracé que de défricher son propre chemin. »
Gaële de La Brosse

Il fut un temps où la vanité humaine se repaissait d'immobilité. Aujourd'hui, elle s'étourdit dans la danse panique ou le catapultage aérien, dans le voyage, qui n'en est d'ailleurs plus un quand on se contente d'une ellipse dans le ciel au lieu d'aligner, une à une, les bornes milliaires du « dépaysement », au sens le plus fort du mot. Ce n'est que céder à l'évidence que de constater la disparition du voyage. Voilà déjà longtemps que cette ellipse que permet l'avion – souvent salutaire, soyons justes – a sacrifié le voyage au profit du séjour, du stationnement tarifé. Ô, combien de marins, combien de capitaines, de faux-monnayeurs du voyage, se targuent-ils d'avoir « fait » tel ou tel pays lointain (« fait », ah ? L'auraient-ils donc créé de leurs petites mains de démiurges ?) quand il n'en ont vu, au mieux, qu'une étroite bande de plage soumise au principe marketing du « *all inclusive* » ? Sur l'ellipse du « voyage », pourtant moins criante en son temps, Rousseau avait déjà ce verdict : « Quand on ne veut qu'arriver, on peut courir en chaise de poste ; mais quand on veut voyager, il faut aller à pied[1]. » Cela veut dire parcourir un à un tous les intervalles qui nous séparent de notre but, boire l'un après l'autre tous les paysages qui jalonnent la route, toutes ses beautés révélées. Dans ce même esprit, comme le déplore Le Breton, même s'il est une belle invention, le GPS (sauf bien sûr en cas de danger ou d'égarement sans remède) « est contraire à la philosophie de la marche. Il transforme le chemin en parcours. Il le subordonne au but et le dissout pour le transformer en pur passage indifférent[2] ». Et il empêche surtout de s'imprégner d'une topographie profonde, de sa logique ou de ses incohérences, de s'inscrire vraiment dans un espace par le déploiement d'une bonne vieille carte ou un hommage aux précieux points cardinaux.

On me dira qu'aller à pied, à moins d'avoir beaucoup de temps, ne permet pas toujours d'aller loin, aussi, oui, est-il bien utile parfois de monter dans

---

1. Émile ou De l'éducation, *livre V, Garnier-Flammarion, 2009.*

2. *David Le Breton,* Marcher la vie, op. cit.

un train ou un avion… Même les plus grands circum voyageurs, qui ont parcouru la terre en tous sens, ont forcément sacrifié au culte de la salle d'embarquement. N'en déplaise à certains écologistes radicalisés, déguisés en Savonarole, l'avion ouvre des horizons qui nous étaient interdits il y a peu encore. Prendre les airs a permis à beaucoup de mieux connaître cette planète et ses colocataires. C'est un lieu commun que de dire que l'ellipse aérienne a permis à l'humanité de progresser dans la connaissance et la compréhension de l'autre, mais c'est toujours ça de gagné. Encore faut-il, une fois sur place, ne pas céder à l'incantation du marketing de masse et à la stabulation bovine. Heureusement, l'ellipse augurale n'empêche pas de retisser sur place les conditions du vrai voyage, celles de l'ambulation, lente et obstinée.

Vivant et libre

Je ne sache pas que ce soit en nageant que Jean-Louis Étienne, modèle de l'explorateur contemporain, a rejoint ses terres d'expédition. Comme tout le monde, il prit l'avion, mais aussi le bateau. Depuis plus de trente-cinq ans, je mène une sorte de chemin parallèle avec lui. Non que je sois à la hauteur de ce marcheur hauturier, capable de rabibocher des pôles pourtant irréconciliables, loin de là. Je serais à peine digne de lui lacer les chaussures. J'eus simplement l'avantage, dans une vie antérieure, d'être le jeune responsable de la communication interne de son principal sponsor. Je le rencontrai donc plusieurs fois, ayant même le privilège de monter à bord du voilier *Antarctica*, navire en aluminium de 36 mètres de long et 10 mètres de large, dont il fit la base flottante de ses expéditions pendant huit ans[1]. Je me rappelle encore la lippe féroce des chiens – dont je restai à distance raisonnable... –, qui devaient tirer les traîneaux pendant son expédition montée avec l'Américain Will Steger et quatre autres coéquipiers dont un Russe et un Chinois. Je le revis plus récemment sur le plateau de l'émission *Tambour battant* que je coanime avec mon ami Antoine Spire, sur la chaîne Demain TV. Outre un parti pris clairement humaniste (et bien plus écologiste que beaucoup de verts repeints à la va-vite), Étienne est le type même du marcheur conscient. Ce titulaire d'un CAP de tourneur-fraiseur devenu médecin, puis chirurgien, saisit l'acte de marcher dans ses plus intimes dimensions. Doté d'un métabolisme basal, comme le disent les spécialistes, c'est-à-dire d'une capacité hors du commun à endurer des températures extrêmes, il a parfois connu le pire dans ses marches en solitaire vers le pôle Nord : l'épuisement, l'échec, mais aussi, ayant franchi un cap décisif, la certitude d'être « vivant et libre ». Disciple des plus grands découvreurs de l'extrême

1. *Il appartient aujourd'hui à la fondation Tara Expédition et je l'ai revu plusieurs fois, notamment dans le port de La Rochelle.*

– les Amundsen, Shackleton, Scott ou Peary –, il renoue avec l'enfant qu'il fut, volontiers fugueur, fuyant le monde et son vacarme à échéance régulière et n'oubliant jamais de rappeler l'humilité que requiert la marche, cette humilité qu'il a vue, à son comble, dans le regard des sherpas népalais, « prêts à tous les sacrifices pour nourrir la famille et pourvoir à l'éducation des enfants ». Face au chemin, et souvent sa rudesse, tout le monde est renvoyé à l'indispensable humilité. Serons-nous capables d'aller au bout sans fléchir ? Que sommes-nous par rapport au chemin, à sa force vitale et symbolique ? Rappelons que le mot humilité vient du latin *humilitas* (désignant ce qui est bas, près du sol, l'abaissement), venant lui-même d'*humus* : la terre, le sol... Ainsi, la marche n'est-elle pas la communion la plus forte qui se puisse concevoir entre soi et la terre nourricière ?

« On croit qu'on va faire un voyage, mais bientôt, c'est le voyage qui vous fait, ou vous défait[1]. » Comme en écho, le mot de Nicolas Bouvier résonnera toujours en moi. Oui, c'est un peu comme le monde, on croit pouvoir le refaire et c'est lui qui nous refait, comme à une table de poker... De même, j'aime cette forme d'expression artistique qu'est la photographie, mais je sais qu'on ne capturera jamais l'âme d'un voyage, ni d'un paysage, par une photographie. C'est sans doute pourquoi, sauf pour un livre dont je fis naguère textes et photos,

1. L'Usage du monde, *La Découverte, 2014.*

je n'ai que très peu usé de ce moyen de graver le temps. En revanche, peut-être y parvient-on vaguement avec des mots et, cela, je m'emploie à le faire depuis que je sais écrire.

Je me rappelle Michel Tournier disant – et il en assumait le côté « binaire », se classant du côté des géographes... – qu'il y a deux sortes d'écrivains, et ce sans jugement de valeur : ceux pour qui l'histoire est la matière première et ceux pour qui la géographie est un substrat, un environnement naturel. Gracq ou Proust sont, pour moi, des prototypes mêmes de la seconde espèce, quand un Hugo, un Dumas, un Malraux, sont de la première. D'une certaine manière, il y aurait donc des auteurs *diachroniques,* mus par la quête, le moteur de l'histoire, et des auteurs *synchroniques* plus happés par le paysage, l'ordonnancement géographique ou topographique des choses. Balzac serait ainsi plus « historique » et Stendhal plus « géographique ». Mais, au fond, rien n'est simple, à commencer par mon propre parcours qui, comme beaucoup, se situerait à la croisée des chemins... Encore les chemins.

Sun Tzu disait : « Nous serons invulnérables tant que nous serons en mouvement. » Si la marche ne ressortit pas, *stricto sensu,* à l'art de la guerre dont il fut un des grands théoriciens, force est de constater qu'elle en fut, pendant des siècles, une des ressources essentielles. C'est à marche forcée qu'Hannibal franchit les Alpes, laissant sur le carreau pas mal d'éléphants, que César fait la conquête de la Gaule, que Napoléon gagne la plupart de ses batailles, devançant toujours l'ennemi d'une étape ou deux. En 1805, l'armée dite de Boulogne sur le point de devenir pour la postérité la Grande Armée rejoint l'Autriche au rythme impressionnant de 40 kilomètres par jour, ce qui est toujours possible pour un pèlerin aguerri, mais beaucoup moins pour une armée entière et son imposant fourniment... Le général Gudin – dont le corps fut déterré et identifié, en 2019, dans un jardin public de Smolensk – fait faire à sa division 112 kilomètres en quarante-quatre heures pour rejoindre le champ de bataille d'Austerlitz et s'y battre, dans la foulée, sans répit aucun... Le champion étant, dit-on, le général Dupont de l'Étang, considéré avant le fameux désastre de Bailén (Espagne), qui devait lui coûter beaucoup, comme le meilleur marcheur de l'armée : 329 kilomètres en dix-neuf jours ou 1 300 kilomètres en quarante-cinq jours à peine. De quoi étayer cette remarque de Napoléon lui-même : « Le meilleur soldat n'est pas tant celui qui combat que celui qui marche. »

Évidemment, cette marche-là, précieuse alliée de la stratégie militaire et de l'effet de surprise, confine tôt ou tard à la folie, folie meurtrière, culminant dans la retraite de Russie et ses quelque 2 500 kilomètres (en gros, 1 000 kilomètres de plus que le chemin de Compostelle par la via Podiensis...). Image émouvante, bouleversante, même : c'est encore à pied, pour l'immense majorité – après en avoir tant bavé dans l'enfer russe ou la Meseta ibérique –, que des milliers de vétérans, rescapés de l'épopée impériale, soufflant fort, claudiquant, flottant dans leurs uniformes rapiécés, spectres échappés d'une gravure de Callot, font des dizaines de lieues afin de rendre hommage à leur souverain déchu, puis défilent dans l'immense cortège du Retour des Cendres, le 15 décembre 1840.

Chez les légionnaires, corps de marcheurs s'il en est, il n'est pas innocent que le processus de recrutement se parachève par une marche de 50 kilomètres, leur dos ployant sous les 30 kilos d'un sac gentiment lesté… Comme on le dit alors dans cette auguste institution : « Pour marcher quand ça fait mal, une seule technique : verrouillage du cerveau et un pied devant l'autre… » Le *marche ou crève* prend là tout son sens. On se rappelle la terrible odyssée d'un Guillaumet dans les Andes, marchant pour sauver sa peau, et l'on sait que la marche fut salutaire à plus d'un dans des moments critiques ou des déplacements massifs provoqués par les guerres. La marche pour échapper au massacre, pour sauver sa vie, comme ce fut le cas pour tant de réfugiés. La marche comme planche de salut.

Je ne renie pas ma passion pour l'Histoire, et j'en ai allègrement saupoudré plusieurs de mes livres, mais ma vision de la marche est beaucoup plus pacifiée. Elle est pour moi un monde dans le monde, une manière de bâtir une île autour de soi (c'est ce que j'appelle l'« insularité » du marcheur), une île protectrice sur laquelle nous sommes libres d'aller et venir à notre guise. Une manière aussi de rendre le monde habitable, ce pauvre monde tant salopé par des siècles d'indignité. Je me trompe peut-être, mais j'ai rarement vu de vrais adeptes de la marche inonder ce monde de leurs déchets, de leurs traces, indélébiles et toxiques pour l'écrin dans lequel ils marchent. Il y a certes toujours des exceptions, et elles me mettent en rogne…

Splendeur violée

Dans la splendeur faite paysage, comme dans le moutonnement infini des collines de Toscane, sur les berges du lac de Côme, du lac Majeur ou à Sirmione, sur le lac de Garde ; autour, aussi, des lacs slovènes ou à Piran, étrave sur l'Adriatique, dans tant de lieux sublimes que j'aurais eu la chance de boire du regard, le moindre manquement a des airs de profanation. Je me souviens ainsi de l'île de Mljet, en Croatie, parallèle à la péninsule de Peljesac. Si le lac Skadar, frontière entre le Monténégro et l'Albanie, s'était avéré une splendeur sombre, Mljet s'imposa comme une splendeur claire, toute d'émeraude et de verts brûlés sous le bleu laiteux du ciel. Le chant entêtant de millions de cigales y empêche dans la journée toute effraction du silence, mais l'île, parcourue de multiples sentiers, semée de lacs enchanteurs, est bénie des dieux de l'Olympe, comme l'avait déjà compris Homère, qui y fit résider Calypso. Là, devant l'évidence d'une beauté intacte, j'éprouvais soudain un dégoût comme j'en avais rarement ressenti : dégoût profond de ces plantigrades qui, débarquant le matin dans un lieu aussi beau, y laisseront le soir papiers gras, bouteilles et sacs en plastique, obligeant les gardes du parc à nettoyer leurs ignobles traces.

Oublier ce monde, les ordures qu'il charrie, le temps d'une marche ou d'un rire d'enfant.

La marche est, bien sûr, l'art de la tangente, de l'évitement, de cette distance que l'on met entre le monde – du moins ce qu'il y a de moins reluisant en lui – et soi. J'aime, à échéance régulière (pas toujours parce que je suis gourmand…), pratiquer une certaine ascèse, cet éloignement de soi et de ces « besoins » pas si nécessaires au fond. Marcher, c'est aussi se mettre à l'écart de soi, faire ce fameux pas de côté, cesser de tourner en boucle autour de son ego, sortir des gonds d'un narcissisme infantile, ne pas s'appesantir sur son petit sort, écœurant de banalité quand tant croient y voir une apothéose. Marcher, c'est préférer les lointains nébuleux aux premiers plans trop nets, la perspective atmosphérique des peintres de la Renaissance, les *sfumatos* de Léonard ou de Raphaël, au motif principal qui s'offre trop facilement et jusqu'à l'écœurement.

Dans un entretien consigné dans un livre[1], Sylvain Tesson explique sa conception des voyages : « Je pratique des voyages précis, inscrits sur le terrain, tracés sur le plan euclidien, reliant un point A à un point B et coiffés par une thématique. » J'ai la plus haute estime pour Tesson, mais je dirais que ma

1. *Dans* Œuvres vives. Valeurs et vertus dans la marine, *Locus Solus, 2021.*

conception est l'inverse de la sienne. Elle s'inscrit dans une géométrie non euclidienne relevant plus d'une inspiration poétique pour le moins filandreuse, que d'une rationalité établie... Cela étant dit, l'œuvre de Tesson – il le sait – doit beaucoup à la poésie.

N'est-ce pas saint Jean Chrysostome qui disait que Dieu était cette synthèse miraculeuse entre stabilité et mouvement ? Et si la marche était cette stabilité en mouvement qui permettait de concilier à la fois l'immobilité, disons la profondeur de la pensée, et le mouvement lui-même. La rêverie qu'elle permet est puissamment créatrice. Chez moi, elle se paie souvent de vers. C'est en marchant que je me récite des poèmes et ce mouvement prosodique est un exhausteur de mémoire.

La Rochelle

Rentrant à pied d'un dîner entre amis, tard dans la nuit, faisant un large détour pour aller voir la mer, je me récite à voix haute *El Desdichado* de Nerval. Les vers claquent dans le silence de la ville endormie. Alors, tout me revient : ces soirs d'été sans fin où nous réinventions le monde, ces aubes pâles aux odeurs de café ou de la résine cuite des pins du bord de mer, ces passions amoureuses aussi brèves qu'un jour qui passe, les *grandes espérances* et les rêves déchus, toutes ces *promesses de l'aube*, obstinées mais fragiles, le chant lointain des rêves mêlé au temps qui fuit. La vie...

Je suis le ténébreux, le veuf, l'inconsolé,
Le prince d'Aquitaine à la tour abolie,
Ma seule étoile est morte et mon luth constellé
Porte le soleil noir de la mélancolie...

Souvent, en marchant, d'un canton périphérique du cerveau jaillit une image, un souvenir, la voix d'un être cher, son rire, qui se mêlent aux vers que l'on se récite, mentalement ou à haute voix. Rarement plus qu'en marchant, j'ai éprouvé cette proximité avec ceux que j'aime, ceux que j'ai aimés, à commencer par ceux qui ne sont plus et, parfois, les larmes viennent. Ainsi, marcher a-t-il toujours été pour moi – avec l'ivresse de l'écriture – un des plus sûrs moyens d'échapper au temps commun, au banal espace-temps, pour entrer dans ce que Bergson appelle la *durée pure*, si riche, si profonde.

Au XIIe siècle, l'ancien verbe *randoner* ou *randonner* signifiait « courir rapidement, impétueusement », et aurait donné *randon* ou *à randon* avec le sens de « à toute vitesse, avec force » (*randon* désignant « la course impétueuse et rapide d'un animal sauvage autour de son terroir »). Et, finalement, la *randonée*, deviendrait « randonnée » quelques siècles plus tard. On trouve encore le terme *randonnée* dans la première édition du *Dictionnaire de l'Académie française* (1694), pour évoquer, en vénerie, la « course que font les chasseurs après la *beste* qu'ils chassent ». Et ce n'est qu'à la toute fin du XVIIIe siècle qu'apparaît le sens moderne : « *Faire une grande, une longue randonnée*, pour dire, marcher longtemps, sans s'arrêter », affronter l'incertain.

Au fond, ce qui m'intéresse le plus dans ce monde, c'est le *clinamen*, évoqué par Lucrèce dans son *De rerum natura*, l'écart imprévisible, cette incertitude, cette part d'aléation qui, « présidant » à la chute des atomes, nous sort de la simple logique mécaniste et ouvre à l'infini :

> Aux atomes aussi nous devons reconnaître cette propriété : eux aussi ont une cause de mouvement autre que les chocs et la pesanteur – une cause d'où vient le pouvoir inné de la volonté, puisque nous voyons que rien ne peut naître de rien [...] : or tel est l'effet d'une légère déviation des atomes, dans des lieux et des temps non déterminés.

Alors, soudain, la marche devient à mes yeux un plausible *clinamen*, une « déviance » intellectuelle, spirituelle, possible par rapport à la désespérante norme mécaniste qui, à l'infini, nous rejoue la même rengaine... La vie a l'horizon bouché des éternités provisoires, mais marcher dans un paysage, c'est être dans le monde *hic et nunc*, dans une communion profonde avec le monde et, peut-être, oui, ce que l'on nomme pompeusement l'éternité.

> Elle est retrouvée.
> Quoi ? – L'Éternité.

C'est la mer allée
Avec le soleil[1].

Chemins et traces

Toute existence n'est qu'impression, impressionnisme. L'impression que l'on fait, l'impression que l'on laisse, ténue, fragile, fugace comme le nuage filandreux d'une marine de Jongkind, et qui nous survivra... peut-être. En ce sens, l'impression suprême est peut-être celle des livres, celle qui sort de puissantes rotatives après être passée par le sas d'un cerveau. On écrit pour « impressionner », dans tous les sens du verbe : l'être aimé, ses enfants, son voisin, ses amis ou ceux qui se proclament tels, mais surtout pour laisser une petite griffe qui ressemblerait à ces traces que le chasseur piste dans la neige. D'ailleurs les *semata* des anciens Grecs, les signes, qui deviennent signes d'écriture et fondent l'Histoire, ne désignaient-ils pas avant tout les empreintes, mais aussi les déjections du gibier grâce auxquelles on peut le suivre à la trace. Idée fascinante que ce spectre de la trace que nous ne cessons de laisser pour ceux qui nous suivent. La trace pouvant être aussi bien une merveilleuse empreinte – ce qui imprime, qui fascine, fait impression – qu'une simple déjection...

Les touristes, on peut certes les suivre à la trace... Il y a les « ambulants », qui allant d'un point signalé

1. *Rimbaud,* L'Éternité, *derniers vers.*

à un autre, marchent, gravissent les chemins les plus inclinés, se jouent de toutes les difficultés, font les visites (château, abbaye) à fond jusqu'à en inspecter l'état des voussures, mais aussi des latrines, bref, faisant tout pour rentabiliser le prix du ticket d'entrée. Il y a les « stagnants », qui allant d'un site à un autre, avisent le premier banc, le premier parapet, la première terrasse de café à la sortie du parking et y coulent une heure de somnolence végétale pour pouvoir dire d'un air contrit : « On l'a fait. » Mais il y a, aussi, ces « dormants » qui – pendant trois ou quatre semaines – ne sortiront pas une seule fois du camping... Le choix est vaste, la comédie prospère. « Civilisation des loisirs », y a-t-il plus bel oxymore que celui-là, programme plus infantile pour nous autres humains ? C'est un peu comme l'ellipse et le voyage, l'ellipse relève du loisir automatisé quand le vrai voyage exige de nous un labeur. La marche est un travail, un travail complet : travail des muscles, des articulations, de la perception, des sens. L'ascension exigeante vers quelque sommet, aussi modeste soit-il, est travail, l'art lui-même est travail, fruit de mille suées et de cette « obstinée rigueur » dont Léonard de Vinci s'est forgé une devise. La marche, la course libre à travers les champs aussi, sont travaux pour peu que l'on veuille vraiment voir, s'imprégner de quelque chose, faire résonner le monde en nous... C'est quand il renonce pour un temps à ses travaux, se vautrant aux pieds d'Omphale et se faisant son valet de pied, qu'Hercule perd toute sa force. Cette lente, aratoire, obstinée, passionnée, quête de sa propre voie, de sa *maniera*, comme auraient dit les peintres, jadis, n'est-elle pas ce qu'il y a de plus digne de remplir une vie ?

Quant au travail de l'écriture, il n'est jamais loin, quand on marche. D'expérience, je sais qu'on ne peut guère écrire en courant, mais qu'on le peut en marchant. Le fer de la mémoire nous tisonne et avive nos saisons intérieures. Passent en nous des hivers au froid mortel, des printemps espérés, des étés symphoniques, des automnes à la lumière d'ambre. J'écris beaucoup en marchant, voilà que les mots s'imbriquent, que les phrases s'agglutinent, et lorsque je m'arrête, je m'en vais mettre au net tout ce qui s'est agencé au rythme de mes pas.

Marcheur des villes, marcheur des champs

« La forme d'une ville change plus vite, on le sait, que le cœur d'un mortel. »
Julien Gracq

De loin en loin, les monts du Cézallier dessinent une mer polychrome aux vagues ocre, marron, noires, jaune brûlé ou bien sûr vertes, constellées de taches au roux soutenu : les vaches salers qui y paissent sans lever la tête. De temps à autre, le bruit des sonnailles trouble un silence minéral, silence de début du monde, d'aube des temps, silence presque térébrant qui rythme encore ici l'âpre destin des êtres.

Soudain, la sidérante beauté des lieux fait place à l'apocalypse. On contourne un bois de sapins qui couronne une de ces éminences chauves, telle la crête d'un Iroquois. Beaucoup des sapins sont debout, sombres et forts, tenant face au vent comme les prétoriens de l'Empire, mais des dizaines d'entre eux gisent çà et là, épars, calcinés jusqu'au trognon, ou sont encore sur pied, mais fracassés par la foudre qui s'abat ici comme l'ire des dieux. Il vaut mieux ne pas être dans les parages quand le ciel vomit sa bile et la concentre sur ces îlots boisés.

Cette marche, faite dans ce Cantal qu'ils aiment avec nos amis Hélène Védrine, Axel et Pierre Jourde, me rappelle combien j'aime moi aussi l'infini de ces paysages. Du haut de ces monts érodés, convulsifs, comme ceux de la lointaine Mongolie, les jours clairs, on peut apercevoir les Alpes. La puissance tellurique des lieux, leur vastité, font de nous des gamins éberlués.

Ce merveilleux nulle part

Dieu sait si j'aime ces paysages, cette perspective des peintres qui nous ouvrent des mondes, comme chez Léonard, Raphaël ou Bellini, cette échappée dans des lointains seulement accessibles à ceux qui le veulent. Ce « merveilleux nulle part » qu'évoque l'excellent Denis Grozdanovitch, amoureux des marches, des confins, des provinces excentrées, est là devant nous qui s'offre à qui le veut. Il est ce monde parallèle que l'on finit par trouver lorsque, sortant des villes ou des bourgs, on quitte enfin la départementale et s'enfile sur d'improbables routes à l'ancienne encore bitumées de rose, devant l'œil rond et placide de bovidés étonnés, entre deux haies vives ou deux armées d'arbres convoquées sur le champ d'une paisible bataille. De temps à autre un village, une église, un hameau, une école, un café, apparemment déserts, mais où, pour peu que l'on s'arrête, la vie palpite en douceur, presque à voix basse, comme un cœur qui bat. Ces paysages, on les dirait parfois factices tant ils donnent dans le merveilleux pittoresque, façon images d'Épinal ou chromos des vieux almanachs. Une modeste vallée avec son cours d'eau bouillonnant au bord duquel paressent quelques pêcheurs. Une douce peupleraie dont se balancent les hautes cimes. Un pont lambrissé de mousse où musarde une famille : parents, grands-parents, frères ou cousins peut-être, précédée par des silhouettes d'enfants. Oui, ce « merveilleux nulle part », je l'aime de plus en plus et il est là, bien présent, au cœur même de ces pages.

Ainsi, souvenirs parmi d'autres, l'ascension de la banne d'Ordanche où ma femme et nos filles m'ayant abandonné dans le dernier tronçon (elles furent bien inspirées), je faillis être dévoré tout cru par des myriades de mouches tueuses... ou en tout cas dévoreuses du randonneur téméraire, qui en porta les stigmates pendant plusieurs jours. Que l'on m'en croie, en comparaison, la bête du Gévaudan n'était qu'un caniche nain... ; l'ascension du puy de Sancy, que les filles – motif de fierté – firent en serrant les dents, galopant encore dans la descente avec le reste de leurs forces ; ces longues marches côtières sur le sentier des douaniers du côté du Val-André ; dans les monts d'Arrée, sur les pas de Segalen ; dans ce pays bigouden que j'arpentai pendant un mois pour accoucher d'un livre ; sur les rives des grands lacs italiens ou dans l'infini des rizières balinaises.

6000 pieds au-dessus des hommes

Du côté de Sils-Maria, dans la merveilleuse Engadine, je voulais mettre mes pas dans ceux du philosophe des cimes sur lequel j'avais travaillé sur les bancs de la fac : Friedrich Nietzsche. C'est là, où faisant chaque jour une longue marche autour des lacs de Sils et de Silvaplana, ou sur les contreforts du massif de la Bernina, que, par un bond réflexe, j'évitai de marcher sur une vipère péliade, quasi-reine en son royaume alpin. Devant une telle beauté qui s'offrait, je ne pus que comprendre la gestation dans un cerveau fragile de la pensée de l'éternel retour et les paroles d'un certain Zarathoustra, planant « à 6000 pieds au-dessus du niveau de la mer et bien plus haut encore au-dessus de toutes les choses humaines ». Pour autant, durant ces trente dernières années, n'ai-je pas été, au moins autant, un grand arpenteur de villes et de décors urbains.

> Tout sentier, mais également chaque rue de ville, écrit Antoine de Baecque[1], est fait de strates historiques différentes, piétinements incessants, [...]

1. *Antoine de Baecque,* Une histoire de la marche, *Pocket, « Agora », 2019.*

itinéraires fossiles superposés souvent inconsciemment réactivés par le marcheur ou le flâneur qui vient après.

La marche urbaine, il en est souvent moins question dans les livres. Elle semble moins « exotique », porteuse de moins de rêves, de fantasmes, dérogeant au cliché contemporain de l'« ailleurs » absolu. On le sait bien, c'est ancré dans le cerveau humain : ailleurs, l'herbe est forcément plus verte, plus grasse, plus… bio, peut-être… Pourtant, « l'on marche aussi en ville, depuis l'apparition des promenades urbaines aux XVIIe et XVIIIe siècles[1] ».

Dans son *Chemin des estives*[2], Charles Wright déplore que :

> « Dans les villes on finit toujours par tourner en rond. La rue Mouffetard, au fond, ne mène qu'à l'avenue des Gobelins et à la Contrescarpe. Alors que le sentier qui part de la maison de Jake, rien n'empêche de le suivre jusqu'à Genève, Salzburg, Bratislava, Volgograd, Oulan-Bator ou Pékin... »

J'aime, et depuis longtemps, Charles et ses livres, antidotes à la moiteur du temps. Je l'ai connu adolescent, dans sa maison familiale, en Corrèze,

---

1. Ibid.

2. *Charles Wright,* Le Chemin des estives, op. cit.

voisine de celle de son oncle, Denis Tillinac, qui était alors mon éditeur. Mais qu'il me permette d'avoir un avis différent : non, la 5e Avenue ne s'arrête pas à Central Park, le Mall à Buckingham Palace, ou la via Veneto à la villa Borghèse. Ces trouées magnifiques sont aussi des promesses d'infini qui vont, au loin, s'étancher dans les plus sublimes paysages, les plus vastes océans. C'est juste une question de perspective.

Le marcheur est-il un grand voyageur ? Pas forcément. Il peut aussi bien être un marcheur « casanier », ne déroulant ses pas que sur des terres déjà connues. D'autres ont besoin de grand large. Mais les ressorts de la marche ne sont-ils pas les mêmes ? Il y a chez les marcheurs, les hauturiers, les caboteurs et les insulaires. Sylvain Tesson, Alexandra David-Néel, Jean-Louis Étienne, Bruce Chatwin ou Nicolas Bouvier, d'autres encore, me font en effet penser à des marcheurs hauturiers quand je serais, plus modestement, un caboteur opportuniste ou un modeste insulaire. Entendons-nous bien : le marcheur hauturier dont j'admire l'audace, comme celle des terre-neuvas et autres navires de grande pêche, part volontiers loin de son port d'attache, pousse sa quête du monde jusqu'à ses limites – le terme est éloquent – les plus extrêmes (la Sibérie, le désert de Gobi, l'Arctique ou l'Antarctique, le Sahara, la cordillère des Andes, les montagnes Rocheuses ou les savanes d'Afrique). Il est en quête – pour faire écho au mot fameux de Sainte-Beuve[1] – d'un Kamtchatka intime, métaphysique, et en infère que la marche confine aux marches[2]. Les caboteurs (j'exclus les cabotineurs, on aura compris...) sont, eux, des opportunistes. Ils ne décident pas forcément de prendre l'avion pour aller marcher à 15 000 kilomètres de chez eux dans un espace précis, mais saisissent toute opportunité. Ce fut le cas pour moi à Shanghai, à Istanbul, à Hanoï, au Cambodge, en Thaïlande, à Beyrouth, en Indonésie, en Californie, en Floride, au Canada, et dans d'autres contrées plus ou moins lointaines. Quant à ceux que j'appelle les insulaires, bien sûr, ils n'arpentent pas exclusivement les îles – encore que de beaux souvenirs de marche m'évoquent la Corse, Spetses, Yeu, Bréhat, Ré, Bali, l'île d'Aix ou l'île d'Orléans, aux portes de Québec, où vécut Félix Leclerc –, mais ont une certaine aisance à se bâtir une île intérieure. À l'abri des nuisances, des agressions multiples du monde, ils peuvent éprouver du plaisir à marcher partout, au coin de la rue, y compris dans les lieux les moins avenants de la

1. *On se souvient que l'illustre critique parla de « Kamtchatka romantique » à propos de Baudelaire, comparant, non sans ironie, cette contrée éloignée, marche ultime du sous-continent russe à l'est, à cette sorte d'ovni qu'était alors l'œuvre du poète aux yeux de ses pairs.*

2. *Rappelons que les marches, du proto-germanique* marka *(« frontière »), étaient le nom que l'on donnait aux limites, aux frontières d'un empire ou d'un royaume. Mot qui donna marquis (ou margrave), grand féal chargé de leur défense par son suzerain.*

terre, forts qu'ils sont – don suprême – d'y instiller de la poésie… Précisons qu'à cette aune, un Tesson, capable, pendant des semaines, de traverser des steppes uniformes, sans fin, hérissées de derricks, plates comme une crêpe Suzette[1], est tout à la fois hauturier *et*… insulaire.

Éloge des villes

J'eus la chance, voué à des activités variées ou plus simplement par goût, de pas mal voyager dans ce monde en quête de paysages divers, de « décors », parfois splendides, mais nul n'est besoin d'aller jusqu'aux pôles ou en Patagonie pour connaître l'émerveillement. Les philosophes, eux, parleraient d'étonnement, de cette stupéfaction, oscillant entre volupté et douleur, d'être là, en vie, marchant sur une route, un layon en forêt, ou dans les rues d'une grande capitale, plutôt que de n'être pas. Ainsi, de grandes capitales ou des villes plus modestes ont-elles été mon terrain de jeu, de marche. Je pense à Londres la tentaculaire, bien plus vaste que Paris, dont j'ai souvent arpenté la topographie complexe. Il m'est arrivé d'y faire en une journée plus de 30 kilomètres, mettant souvent mes pas dans ceux d'écrivains aimés : Byron,

1. *Cf.* Éloge de l'énergie vagabonde, *Pocket, 2009. Où il finit tout de même par dire : « L'uniformité de la steppe qui me ravissait il y a peu me fait horreur à présent. »*

Shelley, Wilde, Auden, T. E. Lawrence ou l'Écossais Robert Burns.

« La forme d'une ville change plus vite, on le sait, que le cœur d'un mortel. » Cet incipit, cité en début de chapitre, du chef-d'œuvre qu'est *La Forme d'une ville*[1] de Julien Gracq, évoque la ville de Nantes. Il écrit plus loin :

> Habiter une ville, c'est y tisser par ses allées et venues journalières un lacis de parcours très généralement articulés autour de quelques axes directeurs. [...] Il n'existe nulle coïncidence entre le plan d'une ville dont nous consultons le dépliant et l'image mentale qui surgit en nous, à l'appel de son nom, du sédiment déposé dans la mémoire par nos vagabondages quotidiens.

Habiter une ville... c'est le mot juste. Je me suis très vite rendu compte que même si une ville – celles que j'ai le plus sillonnées sans y vivre : Londres, Bruxelles, Venise, Rome, Lisbonne, New York, Florence, Sienne... – n'était pas mon lieu de résidence habituel, un impératif catégorique presque kantien germait en moi. Je cherchais immédiatement à « l'habiter », c'est-à-dire à en saisir le pouls intime, à en comprendre le métabolisme dans ses plus secrets retranchements, la

---

1. *Julien Gracq,* La Forme d'une ville, *José Corti, 1985, où il évoque magnifiquement Nantes, ville de son enfance et de son adolescence.*

vie organique, avec ses lieux phares, ses rituels, ses us complexes, la *psyché* de ses habitants. J'écrivais sur elles à la terrasse des cafés, je les *explodéflorais* en quelque sorte dans une sorte de rite passionné qui confine à l'amour courtois. Ainsi, à chaque fois, cédais-je en partie à l'art de la poliorcétique, mais sans violence aucune, au contraire, avec le respect le plus infini. Sentir la pulpe d'un lieu, d'une ville. Croquer dedans à belles dents. En faire jaillir le fruit, tout le suc amassé. L'assiéger d'une cour inlassable. En épuiser les prodiges.

Nantes, j'ai souhaité y retourner quand j'écrivais ce livre. Gracq y a vécu longtemps et tissé avec cette ville des liens inaltérables. J'ai longuement marché dans certaines de ses rues pentues, dans les allées du jardin botanique. Marcher sur les pas des écrivains que j'aime est une constante chez moi. Ainsi l'ai-je souvent fait à Bruxelles, sur les pas de Baudelaire ou Hugo, à Lisbonne sur les pas de Pessoa, à Trieste sur les pas de Svevo ou de Magris, à Prague sur les pas de Kafka, à Istanbul sur ceux de Loti, à Palerme sur les traces de Lampedusa, à Milan en quête de Stendhal, à Rome dans les pas de Keats ou de Chateaubriand, à Taormine ou à Londres sur les pas de Wilde ou à Venise sur ceux de Byron. La liste serait trop longue…

Tisser avec une cité des liens inaltérables, c'est ce que j'ai fait, à mon tour, avec mes villes de cœur : Paris, où je vis depuis quarante ans ; ce petit joyau qu'est Vendôme, dont je connais le moindre recoin perdu, au bord du Loir, annexé par les chats. Et bien sûr, La Rochelle dont j'exhorte ma mère, qui y réside, à continuer d'explorer les splendeurs, ce qu'elle fait vaillamment, de son petit pas menu, comme on disait chez La Fontaine…

Parvenir à une telle intimité avec un lieu, se faire accepter par lui, prend souvent des années, des décennies même. Pourtant, il arrive que des villes s'offrent à nous plus facilement que d'autres, et c'est là tout leur mystère. La marche, la déambulation, la flânerie amoureuse, sont les armes hautement pacifiques de cette cour empressée que je m'autorise à leur faire, me coulant dans leurs lois intimes, leur haleine, leur respiration. Comme l'écrit Gracq, encore lui, chaque ville a sa « hauteur de regard » :

> À Paris, on vit le regard à hauteur de visage. À New York, je vivais le nez en l'air, l'œil aspiré vers le zénith par la fusée des gratte-ciel. À Rome, il se fixait plutôt à mi-hauteur des façades en quête d'entablements, de cartouches, de balcons, de corniches sculptées, maison ou *palazzo* ?

Oui, cela me rappelle soudain Rome, où dans ce quartier du Trastevere, que j'aime, sur ces pavés disjoints, dans ces ruelles étroites, le long de ces façades jaunes ou ocre, fardées de jalousies, la vie se faufile mieux qu'ailleurs.

Autre lieu, autre « hauteur de regard », il y a aussi – elle m'a marqué – cette longue marche que je fis naguère dans un Beyrouth semé de ruines, lardé de check-points syriens et de somnolents chars d'assauts, bien trop prompts au réveil…

Les villes sont un formidable creuset pour celui qui cherche. Le problème croissant, il est vrai, étant leur inféodation trop criante à la mondialisation heureuse, l'uniformisation galopante de leurs mœurs, l'indifférenciation. Évidence de taille : les différences culturelles font, entre autres, la richesse de cette planète. Partout, aussi, conquérante, la grande standardisation des esprits est là, celle des modes de vie, des consommations, des consumations… Partout, désormais, les temples du mercantilisme à l'occidentale gagnent du terrain. *Idem* de ces productions audiovisuelles « standards », débilitantes, se singeant entre elles à grand renfort d'effets spécieux. Partout, cette hyperconnectivité censée rapprocher les êtres quand, trop souvent, elle les enferme. Combien de fois ai-je vu, dans quelque grande capitale, ces familles attablées, affairées à l'épluchage méthodique de smartphones sans même échanger un mot ?

Temps, espace, silence

Je l'ai déjà dit, pour moi, trois choses nous sauvent des basses contingences du monde : le temps, l'espace et le silence. C'est exactement ce à quoi la marche permet d'accéder. Même dans une de ces « villes tentaculaires » au vacarme assourdissant que j'eus l'occasion de sillonner, le silence était là. Silence intérieur qui vaut largement tous les autres et même sans doute davantage. Le célébrer, ce silence, je le fis à Hanoï, de manière paradoxale, avec ma femme et notre plus jeune fille, y vivant une étonnante expérience. Le samedi soir, autour du lac Hoan Kiem qui paresse au cœur de la ville, se presse une foule comme je n'en ai vu nulle part ailleurs. Des milliers de familles, assises au bord de l'eau, s'apostrophent à voix haute dans le bourdonnement de cent mille abeilles, des enfants jouent au milieu de la rue, enfin interdite à tout véhicule à moteur. Pour l'ochlophobe viscéral que je suis, fuyant la foule comme la peste, ce dû être un supplice et pourtant, nulle sensation d'oppression ni de brouhaha : une ambiance « bon enfant », pacifique, conviviale, tranchant avec la tension laborieuse, extrême, l'incroyable vacarme, qui ont cours pendant la journée dans cette étonnante ville-ruche.

Et que dire de ces milliers de kilomètres parcourus, par le visiteur/voyeur assez compulsif que je suis, dans ces incroyables paysages que sont Le Louvre, Orsay, le Prado, les Offices, l'Art Institute de Chicago, le Met ou le MoMA de New York ou le British Museum de Londres ? N'est-ce pas de la marche au sens le plus fort ? D'ailleurs, ne nous fait-elle pas voyager, cette marche, beaucoup plus encore, à travers mille décors, mille époques, mille explosions de couleurs et de sens ? Un redoutable vertige peut nous saisir à la fréquentation de ces milliers de salles, comme l'écrivain Bergotte devant le « petit pan de mur jaune » de la célèbre vue de

Delft de Vermeer[1] ou Stendhal, à Florence, lors de sa visite de la basilique de Santa Croce. En est resté le « syndrome de Stendhal », trouble psychosomatique multiforme (accélération du rythme cardiaque, vertiges, suffocations et même hallucinations) touchant certains voyageurs face à une œuvre d'art à forte valeur affective ou symbolique pour eux, ou à un déferlement de chefs-d'œuvre dans un même lieu, dans un même instant. De manière assez similaire, marcher n'est-il pas la meilleure façon d'échapper au vertige qui nous saisit dans la confrontation avec les sidérantes beautés du monde ? Je l'ai parfois vécu, sans avoir des vapeurs, certes, mais éprouvant soudain ce vertige venu de très loin. Je pense au site d'Angkor, par exemple, au théâtre antique de Taormine, à la première fois où je vis le Forum romain ou Pompéi, Herculanum. Mais un vertige ne nous saisit-il pas aussi dans la contemplation affligée de nous-mêmes à travers ce miroir implacable qu'est l'art... ?

« Les lisières, écrit Sylvain Tesson, sont des remparts entre les empires. » Lisières, marches..., oui, on ne peut que lui donner raison. Là s'érige quelque chose de particulier. J'aime moi aussi ces lieux où finit la terre, où elle se fait avaler par l'eau, en Finistère breton (*finis terrae*) ou au cap Finisterre (*cabo fisterra*), ce point butoir galicien du chemin de Compostelle où les pèlerins viennent achever

1. *Dans* À la recherche du temps perdu.

leur quête. Le fracas de l'océan aussi, revu par Lautréamont, vaste lisière du monde qui effrayait tant ceux qui s'y aventuraient, mais ne les arrêtait pas. Pour autant, n'y a-t-il pas dans les villes, dans leur topographie souvent complexe, leur physiologie, un cœur battant, des lisières, des marches et, disons-le, des remparts entre les empires ?

Memento mori

Toute marche – plus encore si elle est solitaire – porte en elle un *memento mori* ; cette manière qu'avaient les Anciens de se rappeler qu'ils étaient mortels, d'éprouver la fragilité de leur condition. Exercice salutaire s'il en est. Rarement j'ai éprouvé avec une telle acuité cette certitude d'être en vie parce que la mort est là qui rôde aux lisières. La fois où j'eus l'impression la plus marquée d'aborder ces lisières, cet entre-deux « ni ville ni forêt », mais les deux à la fois, où d'anciennes cités royales, fourmillant de monde, furent lentement rongées par la nature, c'est sur le prodigieux site d'Angkor.

Si, depuis la ville de Siem Reap, on s'y rend souvent dans un bruyant tuk-tuk qui vous secoue comme un prunier, ensuite, c'est la marche qui est reine et nous y fait entrer de plain-pied. La confrontation à un plus grand que nous-même, esthétique ou, encore mieux, spirituel, dit plus de soi que l'on ne pourrait le faire. Sous les contreforts de l'aube, on marche vers Ta Phrom, retour provisoire à la source hindouiste après la conversion au bouddhisme des souverains khmers. Du cœur de la forêt, mêlée aux cris des oiseaux, la tubulure vocale du gecko. C'est dans un incroyable enchevêtrement de nature et de pierres sculptées que l'on avance. Devant nous, un immense fromager – ou arbre à kapok – est si étroitement uni aux soubassements du temple qu'il ressemble à un python réticulé qui en épouserait sournoisement les formes. Que pèse-t-on face à cette beauté, à cette grâce qui en émane ? À la cime des arbres, des essaims d'abeilles sauvages comme d'énormes fruits défendus. Partout, des théories de dieux sculptés, des bouddhas surmontés du naja protecteur à neuf têtes, mais aussi, des myriades d'*apsaras*, ces danseuses célestes au mystérieux sourire dont, de loin, on repère le « pas de deux » : mains jointes et jambes fléchies. Oui, que pèse-t-on face à cela ?

Tout a été dit sur Angkor et une telle profusion de prodiges ne peut accoucher que d'un sentiment diffus accentué par la fatigue de la marche. Autour de nous, des visiteurs hébétés comme nous, accablés par la sidérante puissance des lieux, plus encore que par la chaleur. La valse lente des tuk-tuks entre les ruines rythme nos pas. Plus loin, le temple du Bayon et ses bas-reliefs bellicistes, pleins du fracas des batailles. Au Baphuon, des fleurs rouges à l'état civil indéterminé jaillissent de la pierre, offrant leur nuque au vent ou à un invisible bourreau. De l'art khmer d'ondoyer du bassin, aussi bien en architecture avec ces gigantesques retenues d'eau qui intimideraient Versailles, que dans les danses rituelles.

Sous nos pieds, collant à nos semelles, une terre argileuse, la latérite, dont le rouge s'exalte au couchant. C'est bientôt le temple de Preah Khan, hors des sentiers battus, et son silence souverain d'aube du monde. Merveille de ce site perdu. Le dieu oiseau Garuda, avec sa gueule un peu torve de repris de justice à plumes, est ici chez lui. Il sourd des ruines de ces royaumes déchus une profonde mélancolie, un parfum de fin du monde que rend un peu l'épilogue d'*Apocalypse Now*. On dit que Coppola voulait tourner à Angkor, mais que, n'y étant pas autorisé, il fit bâtir en Thaïlande un décor coiffé des tours d'Angkor Wat. Ne pas oublier que beaucoup de ces temples ont le statut de montagnes à l'image du mont Meru, épicentre du monde khmer dont ils sont la représentation. Aussi, à en arpenter ainsi les dédales, à gravir leurs milliers de marches à en perdre haleine, sommes-nous peut-être un peu alpinistes... D'insolents macaques-crabiers nous toisent d'un œil blasé depuis un escalier moussu. Peut-être sont-ils les descendants de cette armée de singes menée par Hanumân qui permit, dans *Le Râmâyana*, la victoire de Râma sur Râvana qui lui avait ravi sa belle ? À chaque pas, entre palmiers, bananiers et frangipaniers indolents, l'odeur de la terre mouillée par la pluie.

Soudain, le temple d'Angkor Wat se dessine sous des guipures de brume, dans la lumière d'été. En dépit de la foule qui marche, là, en silence, le site ne déçoit pas. Lignes de fuite avec de vastes jardins au carré où le vert cru domine, parfois troué d'un étang paisible où nichaient jadis quelques crocodiles. Au centre du monde khmer, flanqué de ses si célèbres tours aux allures de morilles géantes, le temple-montagne, élan vers le ciel. Aucune pesanteur. Au contraire, une folle ascendance évoquant celle d'une cathédrale. Car ici, la marche se déploie aussi bien sur un plan vertical qu'horizontal. Horizontalité pour relier un temple à l'autre, verticalité pour en gravir les centaines de marches, promesse d'éreintement physique, mais aussi d'émerveillement.

Au-delà de la deuxième enceinte, la canopée, incroyable tressage de verts, dessine ici comme le toit du monde. Sur un des tympans qui ornent les angles de l'ultime enceinte, un épisode célèbre du *Râmayâna* : la mort d'Hanumân, le dieu-singe, encore lui. Il est là, gisant dans ses habits d'apparat, veillé par une armée de congénères en déploration. On imaginerait volontiers, la nuit venue, une fois la foule évanouie, une cohorte de ces macaques croisés tout à l'heure lui faisant ses dévotions sous la lune. Qui sait ? Ici, régnaient des temples devenus villes et montagnes. Des milliers de sujets s'y affairaient chaque jour pour le bien des dieux et des rois. Ils se crurent un temps les maîtres du monde et il n'en reste rien que ces ruines célestes dévorées par la jungle, foulées aux pieds par la masse des touristes. Sous nos pas d'humbles marcheurs, épuisés, mais heureux, d'avoir gravi tant de temples : Angkor, *memento mori* gravé dans la pierre.

Calme, en avant, et droit : nous sommes tous des péripatéticiens…

« L'unique moyen de savoir
jusqu'où l'on peut aller,
c'est de se mettre en route
et de marcher. »
Henri Bergson

POUR DEVENIR PHILOSOPHE, souligne Frédéric Gros, philosophe "professionnel" – pour peu que cette expression ait un sens –, on doit sans doute préférer les lectures patientes, les discussions contradictoires, la composition de dissertations ou la construction de démonstrations. Mais en marchant, surtout s'il s'agit de randonnées qui s'étalent sur plusieurs jours, il est impossible de ne pas éprouver un certain nombre d'émotions, de ne pas faire l'expérience de certaines dimensions, qui précisément sont d'une très grande richesse et constituent des objets de pensée précieux pour la philosophie[1].

Calme, en avant, et droit !, cette devise des écuyers du Cadre noir de Saumur, ville où je vécus naguère, convient aussi à l'esprit de la marche et à son ascèse. Pourquoi associé-je la marche avec ce mot si crucial de Jung : « Je ne suis pas ce qui m'est arrivé, je suis ce que je choisis de devenir » ? Sans doute parce que, pour moi, l'immobilité, cette manière qu'ont beaucoup d'êtres de s'appesantir sur leur passé, de se contenter de ce qu'ils sont, croyant y déceler une sorte d'identité fixée à jamais (leurre qui confine trop souvent à l'identitarisme), est lourdement fautive. Je ne renie certes rien de mes « racines », mais préférerai toujours le mouvement à la stase, la construction à la constriction, et me lever, marcher vers un ailleurs qui nous éloigne de notre vulgaire ego pour mieux nous rapprocher de l'essentiel, et *in fine* de nous-même…

« En marchant, tout redevient possible, on redécouvre le sens de l'horizon. Ce qui manque aujourd'hui, c'est le sens de l'horizon : tout est à plat. Labyrinthique, infini, mais à plat. On surfe, on glisse, mais on reste à la surface, une surface sans profondeur, désespérément. Le réseau n'a pas d'horizon », dit encore Frédéric Gros. Cet horizon, que j'appellerais plus volontiers profondeur

1. *Frédéric Gros,* Marcher, une philosophie, *Champs-Flammarion, 2019.*

de champ, manque en effet souverainement à l'époque. Pourtant, il est scientifiquement prouvé que notre vision périphérique est dopée par la marche. Encore faudrait-il pour bénéficier pleinement de ce bienfait renouer avec un don bien oublié dans ce monde voué au *zapping* permanent : celui de la contemplation. Or, ce don de contemplation exige de nous un changement métabolique radical, celui qui nous fait passer de l'agitation à l'apaisement, de la frénésie à la lenteur. La lenteur, temps de décantation de la pensée. Jean Follain écrit de Charles-Albert Cingria qu'il aimait manger – comme marcher, sans doute – avec « une lenteur orchestrée qui faisait durer le temps ». Une lenteur orchestrée qui fait durer le temps : ne tient-on pas là une merveilleuse définition de la marche ? Oui, la marche est un fastueux déploiement de lenteur et de silence. Lenteur pour soi, silence en soi. Et comme elle nous l'enseigne souverainement : les trois seuls vrais luxes en ce monde, où superflu et vanité pullulent, sont le temps, l'espace et le silence. Le reste n'est que fumées.

Temps

René de Obaldia, longtemps doyen de l'Académie, que j'eus la joie de rencontrer à la fin de sa vie, grâce à mon ami Jean Orizet, dit que « le poète entre dans le temps par effraction, il l'abolit ». Sans dire que la marche abolit le temps, je dirais qu'elle nous permet de passer, par une sorte de transmutation alchimique, de l'espace-temps à la durée pure comme le formulerait très exactement Bergson. Ainsi, le philosophe explique-t-il[1] que le temps de l'« actualité », celui dans lequel nous sommes plongés la plupart du... temps... est un temps objectivé, froid, clinique, l'« espace-temps », où la technique règne sans détour avec ses contraintes horaires, ses formatages au cordeau, ses mises en scène verrouillées, ses nouvelles qui s'annulent sans cesse et sans âme : un attentat en balaie un autre, un séisme en relègue un autre dans l'oubli, une pseudo-« star » en supplante une autre, un footballeur tatoué *idem*, un raton laveur... Au contraire, ce que le même Bergson appelle la « durée pure » est ce qui échappe à la devanture (songeons à l'arrière-boutique chère à Montaigne, celle en laquelle s'établit notre vraie liberté), aux simples apparences du monde : un temps subjectif, profond, dramaturgie de l'intime, de la pensée, de la vie, de la création même, dont Proust – le plus bergsonien des écrivains, qui était d'ailleurs un cousin du philosophe... – sut faire une œuvre géniale culminant dans *Le Temps retrouvé*. Marcher, c'est échapper à la tyrannie de l'*actualité*, cette bêtise abyssale, ce présent permanent qui semble tant gouverner les hommes. Rien de plus voluptueux que d'échapper à cette hydre informe. D'expérience, je sais que la marche est, par

1. *Henri Bergson,* Essai sur les données immédiates de la conscience, *PUF, 2013.*

excellence, le creuset de la durée pure. Un moyen de conquérir, comme nous y exhorte Cingria, ces « instants de furtive éternité » qui nous sont donnés chaque jour et que, trop souvent, l'on ne saisit pas. Temps précieux, temps de la mémoire, de la remémoration, du temps perdu et bientôt retrouvé, où s'épanouit notre moi profond, comme le nomme encore Proust[1], l'opposant à ce moi banal que nous consentons à la comédie sociale. À chaque marche, un souvenir, la mémoire des lieux, des surprises et des éblouissements, la mémoire aussi de ceux qui étaient là et ne sont plus. Il n'y a pas plus belle nostalgie que celle d'avoir marché.

Espace

En ce qui concerne l'espace, Georges Balandier et Marc Augé[2] ont formidablement analysé cette surabondance spatiale qui, disent-ils, signe la *surmodernité* dans laquelle nous pataugeons comme dans un bayou de Louisiane. Surabondance qui va de pair avec la disparition progressive des vrais espaces sauvages – où, comme l'eût dit Coluche, la main de l'homme n'a jamais mis le pied… –, peu à peu remplacés par des parcs bien proprets,

---

1. *Dans son* Contre Sainte-Beuve.

2. *Georges Balandier,* Le Dédale. Pour en finir avec le xxe siècle, *Fayard, 1994 et Marc Augé,* Non-lieux. Introduction à une anthropologie de la surmodernité, *Seuil, 1992.*

façonnés par l'homme ou des « villes tentaculaires » à n'en plus finir. Elle assoit, cette surabondance, l'ère des changements d'échelle et rétrécit la planète comme dans un conte de Swift. « La surmodernité, dans sa relation active avec l'espace – précise Balandier –, doit être envisagée sous trois aspects quant à ses effets les plus significatifs : la *déqualification*, la *déréalisation* et la *virtualisation.* » Ainsi, constatons-nous la prolifération pathogène de ces non-lieux auscultés par Marc Augé, ces espaces de transits, vides de toute substance, voués au passage perpétuel, au provisoire, à l'éphémère, sans enracinement possible, dont les plateaux de télévision ou ce nouveau zinc de bistrot (mais sans le charme) que sont les réseaux sociaux sont sans doute la version ultime. Heureusement, les chemins restent nombreux, aimantant nos pas, les attirant comme jamais. Faisons crédit à Bernanos quand il écrit : « Il n'y a plus beaucoup de liberté dans le monde, c'est entendu, mais il y a encore de l'espace. »

Silence

Enfin, touchant au si précieux silence, c'est évidemment loin des villes que l'on perçoit, le plus souvent, sa douce présence. Puissance du silence. Fécondité du silence. Grâce du silence. Sa musique intime était toujours là, blottie au plus profond de nous, mais on ne l'entendait plus. Le bruit, l'indomptable cacophonie des folies humaines, ne nous permettait plus de l'entendre. Oui, si échapper aujourd'hui au vacarme du monde exige souvent de nous un véritable effort, la marche est une précieuse alliée dans cette fuite. Elle nous permet d'atteindre des régions peu accessibles au bruit et c'est une planche de salut. Bien sûr, la marche urbaine, que je pratique beaucoup, n'échappe pas aux fléaux du dieu Décibel, postulant de manière infantile que plus on fait de bruit plus on est vivant... (Ce qu'une simple observation du monde vient infirmer de manière cinglante.) Pourtant, le fait, justement, d'être immergé, dans un milieu saturé de sons, bien loin du liquide amniotique augural, nous oblige à rentrer en nous-même, à une sorte d'ascèse méditative qui gommerait toute nuisance externe. J'avoue être assez doué à ce jeu-là, provoquant souvent l'étonnement.

Comment ? Tu parviens à rester concentré sur ce que tu écris dans un café bondé au milieu de vociférations multiples et du cri strident du percolateur ou à goûter aux joies de la marche au cœur d'une métropole comme Londres, New York ou Paris ?

Eh bien oui, j'y parviens, simple fruit d'un certain pouvoir de concentration, mais aussi de plusieurs décennies de pratique.

Une philosophie

Pour ce qui est de nos amis philosophes, il ne faut pas oublier que l'enseignement tel que nous le pratiquons dans un bon vieil amphithéâtre de la Sorbonne ou une salle de classe hyper-numérisée est, somme toute, fort récent. L'extérieur fut longtemps l'allié de la pensée et le fameux Albert le Grand n'enseignait-il pas au grand air, sur l'actuelle place Maubert (contraction, dit-on, de *magister Albertus*) ? Enfin, ceci est affaire de climat et, sous le clément ciel de Grèce, Aristote, déjà, fondateur de l'école péripatéticienne[1], en son lycée d'Athènes, avait l'art de la pensée à la fois ambulatoire et circulaire, ce qui ne signifie d'ailleurs pas penser en rond ou en circuit fermé, la postérité de son œuvre disant bien sa richesse infinie. Que marcher aide à la structuration de la pensée relève aujourd'hui du truisme. Déjà, son maître Platon faisait de la marche un impératif pour échapper à l'obscurité de la caverne, accéder enfin à la vérité par des chemins escarpés. Dès lors, marcher devint synonyme de penser et ils furent nombreux, de Socrate, qui courait les palestres, aux sophistes – qui monnayaient leur science fallacieuse en allant de ville en ville –, des cyniques aux stoïciens, à courir les chemins et les agoras pour frotter leur pensée aux réalités de leur temps. « La marche est le propre de l'homme au même titre que la parole », souligne Roger-Pol

1. *Du grec* peripatein *: « se promener » ou « marcher autour ».*

Droit qui a suivi les philosophes à la trace dans un livre enlevé[1].

Descartes, tout imprégné de philosophie antique comme un honnête homme l'était en ce temps, fait bien l'éloge de la lenteur et du chemin quand il écrit dans son *Discours de la méthode* :

> Comme un homme qui marche seul et dans les ténèbres, je me résolus d'aller si lentement et d'user de tant de circonspection en toutes choses que si je n'avançais que fort peu, je me garderais, du moins, de tomber...

Mais, Rousseau a dit mieux que quiconque l'importance qu'avait la marche sur le métabolisme de sa pensée, lui qui, sans façon, tutoyait les philosophes antiques : « Voyager à pied, c'est voyager comme Thalès, Platon et Pythagore. » Ses *Confessions* regorgent ainsi d'évocations de la marche qui se muent en véritables célébrations :

> J'aime à marcher à mon aise, et m'arrêter quand il me plaît. La vie ambulante est celle qu'il me faut. Faire route à pied par un beau temps, dans un beau pays, sans être pressé, et avoir pour terme de ma course un objet agréable : voilà de toutes les manières de vivre celle qui est le plus de mon goût.

---

1. *Roger-Pol Droit,* Comment marchent les philosophes, *Paulsen, 2016.*

Ou encore :

> Jamais je n'ai tant pensé, tant existé, tant vécu, tant été moi, si j'ose ainsi dire, que dans les voyages que j'ai faits seul et à pied. La marche a quelque chose qui anime et avive mes idées ; je ne puis presque penser quand je reste en place ; il faut que mon corps soit en branle pour y mettre mon esprit[1].

Mettre son corps en branle, il le fit sur des milliers de kilomètres, partout en Europe, tant la marche lui était consubstantielle. Lui, le héraut des Origines, d'une nature non encore corrompue, allait ainsi de plain-pied avec sa pensée « naturelle », flânant parfois le nez au vent, herborisant, trouvant à chaque pas la respiration même de sa faculté de penser. Ainsi renchérit-il dans *Émile ou De l'éducation*[2] :

> Je ne connais qu'une manière de voyager plus agréable que d'aller à cheval, c'est d'aller à pied. On part à son moment, on s'arrête à sa volonté, on fait tant et si peu d'exercices qu'on veut. On observe tout le pays ; on se détourne à droite, à gauche ; on examine tout ce qui nous flatte ; on s'arrête à tous les points de vue. Aperçois-je une rivière, je la côtoie ; un bois touffu, je vais sous

1. *Jean-Jacques Rousseau,* Les Confessions, *Gallimard, « Folio », 2009.*

2. *Jean-Jacques Rousseau,* Émile ou De l'éducation, *op. cit.*

son ombre ; une grotte, je la visite ; une carrière, j'examine les minéraux. Partout où je me plais, j'y reste. À l'instant que je m'ennuie, je m'en vais. Je ne dépends ni des chevaux, ni du postillon. Je n'ai pas besoin de choisir des chemins tout faits, des routes commodes ; je passe partout où un homme peut passer ; je vois tout ce qu'un homme peut voir ; et, ne dépendant que de moi-même, je jouis de toute la liberté dont un homme peut jouir.

« Si tu n'arrives pas à penser, marche. Si tu penses trop, marche. Si tu penses mal, marche encore. » Cette injonction de Giono dit bien quel impératif est la marche pour tout être pensant. Il n'est pas innocent que beaucoup des plus grands penseurs aient aussi été des marcheurs : marcheurs volontiers « domestiques », comme Kant ou Kierkegaard, marcheur plus « émancipé » à l'image d'un Nietzsche. Comme le rappelle Frédéric Gros[1], Emmanuel Kant sacrifiait chaque jour à une immuable promenade dans sa bonne ville de Königsberg (aujourd'hui Kaliningrad) qu'il ne quitta quasiment jamais en quatre-vingts ans de vie… Dans *Les Derniers Jours d'Emmanuel Kant*, Thomas de Quincey raconte que, chaque après-midi, après un déjeuner avec des hôtes bien choisis, il sacrifiait seul, fuyant cette fois toute compagnie, à sa promenade quotidienne, toujours la même, à la seconde près. Couché à 22 heures pétantes, levé à 4 h 45, il travaillait à son

1. *Frédéric Gros,* Marcher, une philosophie, op. cit.

œuvre jusqu'à 12h45. Les jours où il donnait cours, témoigne-t-on, il était à son bureau à 7h45 précises, mettait son chapeau à 7h50, se saisissait de sa canne à 7h55 et sortait au premier coup des huit heures de l'église voisine. Kant se définissait lui-même comme « un gymnaste qui pendant près de quatre-vingts ans s'était constamment maintenu en équilibre sans jamais faire un seul écart ». Ce philosophe-gymnaste qui enrichit la pensée occidentale de manière prodigieuse était donc un marcheur, mais du genre métronome, à la précision horlogère toute suisse ou plutôt… prussienne. D'aucuns n'avaient-ils pas pris l'habitude de régler leur montre d'après les déplacements de « l'horloge de Königsberg… » ? Une seule fois, dit-on, Kant dérogea à cet ordonnancement névrotique, le jour où il apprit le début de la Révolution française… Lorsqu'à la fin du XIXe siècle, on exhuma le corps du professeur inhumé dans la crypte de la cathédrale de sa ville natale, on découvrit… deux squelettes. De là à en déduire qu'un homme sage et marcheur en vaut deux…

Quid de Schopenhauer qui, dans sa quête éperdue d'un sens dont le monde lui semblait privé, le voyait avant tout, ce monde, comme *volonté et représentation* ? Dans une lettre à un ami d'enfance, Anthime Grégoire de Blésimaire, ne se définit-il pas comme un grand marcheur ?

> Je suis donc ici [à Francfort] depuis plus de cinq années, en comptant la deuxième que j'ai

passée à Mannheim en croyant m'y trouver mieux, après quoi je suis revenu ici. J'ai appris à m'y plaire ; le climat est le plus agréable et le plus sain de toute l'Allemagne, presque aussi doux qu'à Paris, les environs sont charmants et je suis un grand marcheur...

Ce génial et irréductible pessimiste à la plume incisive, misanthrope, misogyne, compensant sa détestation des hommes par l'amour inconditionnel qu'il vouait à son caniche, dont il fit son unique héritier..., fuyait la foule et le bruit. On comprend alors qu'il aimait marcher.

Søren Kierkegaard fut lui aussi adepte de la marche urbaine et la ville qui le vit naître, Copenhague, fut son terrain d'élection. Comme le rappelle Rebecca Solnit, « il comparait ses déambulations citadines à des excursions botaniques dont le but était de récolter des spécimens de l'humanité[1] ». Cet assigné à résidence métaphysique, dont le commerce avec les humains était réduit au minimum, ne recevait jamais personne, mais consentait aux rues de « sa » ville des flâneries quotidiennes lui permettant de s'oxygéner et d'approcher le tumulte du monde, ne fût-ce qu'à distance raisonnable. « Kierkegaard affirme dans ses journaux avoir composé tous ses livres en marchant. "*Ou bien... ou bien* n'a pour l'essentiel été

---

1. *Rebecca Solnit,* L'Art de marcher, *Actes Sud, « Babel »,* *2002.*

réécrit que deux fois, sans compter, bien sûr, les pensées qui me venaient en marchant, mais c'est toujours ainsi. [...]" Kierkegaard, à qui ces promenades dans la ville offraient son seul rôle social ou presque, se tracassait sur la manière dont ses apparitions seraient interprétées[1]... » Figure bien connue du Copenhague de l'époque, capitale aux dimensions modestes, il était un objet de curiosité, mais aussi de moqueries pour ses manières de philosophe égaré, éthéré, en dehors des modes et du temps. Pourtant, malgré les vicissitudes d'une vie calibrée, étouffante, son chemin était tout tracé qui le menait vers Dieu et une œuvre philosophique majeure valant aussi par un style éclatant d'écrivain.

Station debout

Station debout : point d'équilibre et d'harmonie des Grecs, celui de l'homme debout face aux grands mystères du monde et de sa création. L'étonnement philosophique, cette stupéfaction douloureuse – comme le définit Schopenhauer – face à notre condition de vivant qu'une simple chiquenaude pourrait envoyer *ad patres*, est ce qui déclenche la mise en mouvement, la mise en marche. Et si marcher, c'était penser en faisant fructifier la dynamique du mouvement, mais aussi danser ? Et si la marche était une danse ? Ce n'est pas Nietzsche,

1. Ibid.

marcheur presque frénétique, en Engadine ou ailleurs, persuadé que la seule pensée qui vaille est celle qui vient en marchant, en dansant..., qui dirait le contraire. « Zarathoustra s'avance comme un danseur, écrit-il. Zarathoustra est un danseur. » De fait, son Zarathoustra, figure tutélaire de sa pensée des cimes, est, lui aussi, un marcheur infatigable : « Je suis un voyageur et un grimpeur de montagnes, dit-il à son cœur[1]. » Et Nietzsche d'expliquer plus tard[2] comment lui sont venues ses pensées, à commencer par l'idée de l'éternel retour, « formule suprême de l'affirmation » :

> Je parcourais ce jour-là la forêt le long du lac de Silvaplana ; près d'un formidable bloc de rocher qui se dressait en pyramide, non loin de Surlei, je fis halte. C'est là que cette idée m'est venue.

À Surlei (ou Surlej), et ailleurs, dans cette prodigieuse Engadine, j'ai marché sur ses pas. Là, une puissante émotion m'a saisi. Dans la somptueuse agonie de l'été, un vent frais faisait trembler les sapins et chassait les nuages très haut dans le ciel. Et si *l'éternel retour* était, au bout de la marche, de toutes nos marches accumulées formant une sorte d'édifice, l'éternité retrouvée ?

---

1. *Friedrich Nietzsche,* Ainsi parlait Zarathoustra, *Le Livre de Poche, 1972.*
2. *Dans* Ecce homo, *1908.*

Pour conclure ce chapitre « métaphysique », que l'on me permette un petit clin d'œil à Michel Audiard qui, faute d'être référencé dans les manuels de philosophie, n'en avait pas moins sa propre sagesse. Ainsi, comme à l'un de ses personnages, si bien croqués dans *Un taxi pour Tobrouk* – incarné avec une gouaille sublime par Maurice Biraud –, regardant s'éloigner dans le désert un Lino Ventura à la démarche de lourd plantigrade, une évidence s'impose à nous tous : « Deux intellectuels assis vont moins loin qu'une brute qui marche… »

L'esprit de la marche : mystique et foi

« Voyageur, le chemin
C'est la trace de tes pas
C'est tout ; voyageur,
il n'y a pas de chemin.
Le chemin se fait en marchant. »
Antonio Machado

« On vient à Dieu de commencements en commencements, par des commencements sans fin », écrit Grégoire de Nysse, un des Pères de l'Église du IVe siècle. Cette puissante idée de commencement sans fin, de renaissance constante – qui porte en soi le ferment de tout pèlerinage – a toujours évoqué pour moi la puissance de l'aube, d'une aube sans cesse renaissante. La puissance inaugurale de la marche est là. Elle réside dans cette idée même d'un commencement sans fin. La vie se dévoile, d'abord lentement, par à-coups, dans l'incertitude des brumes, puis soudain dans la clarté retrouvée, la paix retrouvée avec soi-même ou l'apothéose de la foi. Et c'est comme un miracle attendu, une lustration du monde et de l'âme, orchestrée dans chaque jour qui naît et chaque pas que l'on fait. Le célèbre poème de Machado, rappelé ici en épigraphe, dit d'ailleurs bien les choses : *« Caminante, no hay camino, se hace camino al andar »* (« Voyageur, il n'y a pas de chemin, c'est marcher qui fait le chemin »). Oui, nous devons inventer nos propres aubes, nous devons créer notre propre chemin.

> Toute marche commence en randonnée, confirme David Le Breton, mais se mue peu à peu en pèlerinage, au fil des jours, par le dépouillement qu'elle implique, la méditation incessante, la confrontation à un monde radicalement autre qui n'est plus sous l'égide de la temporalité ordinaire. [...] Le sacré réside dans le mouvement même de la marche, sa progression, l'enchantement qu'elle engendre[1].

La marche comme expérience du sacré. Mieux encore, comme épiphanie : lieu d'apparition et d'exaltation du divin. Ce caractère sacré de la marche est à l'œuvre, j'allais dire en mouvement, dans quasiment toutes les traditions religieuses. Ainsi, le pèlerinage offre-t-il un chemin vers soi

1. *David Le Breton,* Marcher la vie, op. cit.

et le monde. Expérience de purification, d'ascèse. Lustration de l'âme et du corps.

« Un pessimiste n'est autre qu'un optimiste bien informé », dit un proverbe russe. Les Russes – élargissons l'appellation aux Slaves – ont cette supériorité sur nous autres Latins qu'ils ne croient pas aux lendemains qui chantent. Pour eux, demain sera pire qu'aujourd'hui et après-demain pis encore... À cette hybridation de Latin et de Celte que je suis (et à un bon nombre de Slaves, il faut être juste), même si je suis lucide, reste l'espérance. Au fond, s'asseoir, confit dans l'alcool, et attendre la douce hypothermie qui tue à tous les coups, est une manière plausible d'abandon de cette vie terrestre, bien souvent décevante. Mais se mettre en marche, cheminer vers un ailleurs qui soit un peu plus vivable ou simplement émettre cette hypothèse, n'est-ce pas donner corps à l'Espérance, vertu théologale de même hauteur que la Foi, que la Charité ? Marcher, c'est espérer. D'où vient que, de tout temps, les hommes se sont faits pèlerins ? De l'espérance, qui ne meurt jamais tout à fait en eux. Comme l'écrivait Charles Péguy, dans *Le Porche du mystère de la deuxième vertu*, en 1912 :

> Ce qui m'étonne, dit Dieu, c'est l'espérance. Et je n'en reviens pas.
> Cette petite espérance qui n'a l'air de rien du tout.
> Cette petite fille espérance.
> Immortelle.

Se sauver…

Se sauver sur les chemins, prendre la poudre d'escampette, mais aussi se sauver soi-même, sauver le monde… dans la foulée de ses pas, c'est ce qui anime – au sens fort, celui qui touche à l'âme – les pèlerins de tout temps. Alors, oui, bien sûr, si de nombreux pèlerinages existent et prospèrent encore à travers le monde (pour s'en tenir au monde chrétien, on pense à Jérusalem et à la Terre sainte, à Rome, à Lourdes, à Fatima, au Portugal, ou à Guadalupe au Mexique), il y a « le Chemin des chemins », celui qui mène à Saint-Jacques-de-Compostelle. Bien sûr, aujourd'hui, sur les quelque 300 000 pèlerins[1] qui s'élancent, chaque année, vers Santiago de Compostela, un certain nombre – environ 10 % disent les études – y voient une expérience personnelle, échappant à tout esprit religieux ou spirituel, mais cela reste très minoritaire. Tous, en tout cas, dans un élan religieux, chrétien ou spirituel au sens large, ou simplement sportif, de « dépassement » de soi, y vivent une expérience hors du commun. Pour avoir souvent échangé avec de vrais jacquets, croyants ou incroyants – moi qui me définis comme un jacquet contrarié, n'ayant accompli que quelques tronçons du Chemin –, je sais qu'une transformation s'opère en marchant dans les pas de ces millions d'êtres

1. *Avec une progression de 10 % par an. Formidable reviviscence : les autorités religieuses, note David Le Breton, n'en recensaient que 4 500 en 1990, mais 25 200 en 1997…*

qui, depuis des siècles, ont ouvert la voie. Certains évoqueront un « bien être » assez diffus, sorte de minimum syndical métabolique..., d'autres une « réconciliation » avec eux-mêmes et le monde, beaucoup, enfin, parleront de confirmation de leur foi, voire de conversion.

Campo stellae

Prodigieuse histoire que celle de ce chemin de Compostelle, parvenu à détrôner les deux autres pèlerinages majeurs : Rome et Jérusalem. Plus de mille ans de profondeur de champ... et la légende folle, comme beaucoup de légendes, de Jacques le Majeur, disciple du Christ, qui deviendra saint Jacques, venu évangéliser la péninsule Ibérique, passant par l'Andalousie, puis la Galice, avant de rentrer au bercail et d'y être décapité sans façon. Comme le rappelle Le Breton, le premier *Guide du pèlerin de Saint-Jacques-de-Compostelle* fut écrit au XIIe siècle par le clerc poitevin Aimery Picaud. Chose étonnante, déjà, il y présentait les quatre grands chemins, aujourd'hui si fréquentés, et les différentes étapes par lesquelles il fallait en passer, allant jusqu'à préciser que « si les pèlerins sont en principe exemptés de toutes taxes, dans certains lieux, on ne se prive pas de les soumettre à des péages et qu'ils sont parfois battus s'ils rechignent à payer[1]... ». Quand l'élan spirituel se heurte aux

---

1. *David Le Breton,* Marcher la vie, op. cit.

rudesses d'une politique fiscale pas encore décidée à Bercy…

Cette histoire du *Campo stellae*, ce merveilleux champ d'étoiles qui donna son nom à Saint-Jacques-de-Compostelle, actuelle capitale de la Communauté autonome de Galice, ne manque jamais de me rappeler le joli mot d'Oscar Wilde : « Nous gisons tous dans le caniveau, mais certains d'entre nous regardent les étoiles… » Alors, soyons au moins de ceux-là…

Lorsque je m'embarquai dans la rédaction de mon roman *L'homme qui fuyait le Nobel*[1], qui fait la part belle au chemin de Compostelle, je n'imaginais pas à quel point il toucherait les lecteurs, à quel point il pointerait ce mystère qui habite en nous, colocataire discret de l'espérance. Je n'avais jusque-là accompli que quelques tronçons de la via Podiensis. Le Puy-en-Velay-Saint-Privat-d'Allier, première étape estampillée, puis Saugues, épicentre des méfaits de la bête du Gévaudan, Conques, Moissac, puis un petit bout du côté de Lectoure (Gers), enfin, l'ascension du col de Roncevaux en partant de Saint-Jean-Pied-de-Port… Le col de Roncevaux, gué prodigieux menant vers l'Espagne. Depuis les premières lueurs du jour flirtant avec un reste de brume, le ciel s'était fait limpide, basculant parfois dans des bleus intenses et, depuis la ferme de Honto, on pouvait embrasser un paysage

1. L'homme qui fuyait le Nobel, *Grasset, 2015, puis Mon Poche, 2018.*

sublime où se mêlaient subtilement le vert, le roux et, coiffant les hauteurs, le blanc éclatant de la neige. La vierge de Biakorri attendait plus haut, arrimée à sa châsse de rocailles, son enfant dans les bras. Mais, n'ayant pas poussé plus loin que Roncevaux, ni posé le pied sur le *Camino francés*, je m'en remis à une procuration de papier, dépêchant un personnage de roman vers le Graal tant rêvé. Aussi, quand, en 2020, pour écrire un texte promis à Gaële de La Brosse[1] je revins au Puy-en-Velay, l'émotion était intacte, qui me cueillit au bas des marches de la cathédrale.

Le Puy-en-Velay

Ici, en ce point zéro de la via Podiensis, tout commence par un mur de marches, une montée vers le Golgotha, une apothéose dès le premier jour, comme un avant-goût du Chemin. Le Puy-en-Velay nous tend les bras ou plutôt les arches romanes de sa prodigieuse cathédrale, Notre-Dame du Puy, et sa vierge noire. Dans le narthex à droite, déjà, saint Jacques nous prend sous sa sainte garde et nous donne sa bénédiction. En surplomb, Notre-Dame de France, rivée sur un piton rocheux, embrasse

1. *Pour* À Compostelle, hommages au chemin de Saint-Jacques, *sous la direction de Gaële de La Brosse, avec les contributions d'Yves Duteil, Jean-Pierre Raffarin, Jean-Christophe Rufin, Alix de Saint-André, Martin Sheen,* et al., *Éditions Salvator, 2021.*

la ville et le monde, son enfant dans les bras. Tout est ici convoqué pour une transfiguration du futur pèlerin. On arrive novice, intimidé par ce déploiement de fastes, ces aiguilles ocre qui hérissent la ville, necks volcaniques surgis du fond des temps, ce portail polychrome, antichambre du ciel, et puis, soudain, nous voilà adoubés, impatients, osant le premier pas…

Tristan Talberg (de l'allemand *tal*, « vallée », et *berg*, « montagne »), « Tristan Monts et Vaux » en quelque sorte, tour à tour « homme vallée » ou « homme montagne », au gré capricieux de ses oscillations morales, fut donc *L'homme qui fuyait le Nobel*. Écrivain célèbre, vomissant le monde et ses vanités, las de ces basses hauteurs où l'on prétendait le hisser. Le prix Nobel ! Belle erreur de *casting*. En deuil d'une femme aimée vaincue par un mal incurable après avoir été première danseuse de l'Opéra, pris de panique devant le vacarme médiatique provoqué par l'annonce du prix, traqué par les flics et la meute des journalistes, il prend la fuite au hasard, avant de s'embarquer sur le Chemin, d'être avalé par lui, devrais-je dire, tant l'image d'une *dévoration douce* s'impose pour définir cette « aimantation ». Plus de 1 500 kilomètres de marche pour en arriver, avec Bernanos, à cette évidence à laquelle tout être humain digne de ce nom doit se rendre : « L'enfer, c'est de ne plus aimer. »

Faire le Chemin dans son entier par le biais d'un personnage imaginaire, mais si présent en moi, sorte de double fictif, fut ma façon de m'acquitter d'une promesse. Maintenant que cette sale bestiole que l'on appelle l'arthrose me rabote gentiment les genoux, serais-je encore capable de reprendre la route ? Ce n'est pas le désir qui me manque. Je reste bon marcheur. Alors, Ultréïa[1] !, comme se lancent joyeusement les pèlerins lorsqu'ils se croisent sur le *Camino* ou les chemins français.

Sequela Christi

Il y a certes peu de comparaison avec nous autres marcheurs – gnomes simiesques, un peu buveurs d'étoiles… –, mais marcheur, le Christ en fut un et un sacré bon…, c'est le moins que l'on puisse dire à la lecture des Évangiles. « Je suis le chemin, la vérité et la vie[2] », dit-il. Et pour l'incarner, ce chemin, il a constamment la bougeotte, sillonne la Galilée, la Judée, fait des détours par les territoires voisins, traverse la Samarie, la Phénicie… Pour cela, nous dit Matthieu[3], il préfère le désert, les chemins éloignés des villes, évitant les voies romaines, un peu trop fréquentées. Pour le sabbat, il se rend dans une synagogue, mais rarement la même, avalant des dizaines de kilomètres. Rien de si étonnant à l'époque où la marche, sauf à posséder un cheval

1. *Du latin* ultra, *« au-delà », « outre », et* eia, *« élan ». Allons ! Toujours plus loin ! L'interjection complète semblant être :* E ultreïa *(« Plus loin, allons ! »),* E suseïa *(« Plus haut, allons ! »),* Deus adjuva nos ! *(« Dieu aide-nous ! »)*

2. *Évangile selon saint Jean (14,6).*

3. *Évangile selon saint Matthieu (6,5).*

ou un âne, est le principal mode de locomotion. D'après les récits, Jésus étend sa prédication à un rayon d'une centaine de kilomètres et ces quelque cent bornes allers-retours, il faut quand même se les farcir… Jésus de Nazareth, « L'homme qui marche », comme l'appelle Christian Bobin, « va tête nue. La mort, le vent, l'injure, il reçoit tout de face, sans jamais ralentir son pas. À croire que ce qui le tourmente n'est rien en regard de ce qu'il espère. À croire que la mort n'est guère plus qu'un vent de sable. À croire que vivre est comme il marche – sans fin[1] ». Dans ses périples à répétition, seul, entouré des apôtres ou suivi par une foule hétéroclite, il s'octroie des moments de répit, des haltes salvatrices, comme chez Marthe et Lazare où leur sœur Marie lui lavera ses pieds de marcheur, allant jusqu'à les essuyer de ses cheveux. À ce propos, François Cassingena-Trévedy à des pages éloquentes :

> Pourquoi s'en va-t-on à pied ? Pour se laver. [...] Il n'y a que les pieds pour laver l'âme. Les pieds humbles, forts et fragiles, qui ont eux-mêmes besoin d'être lavés. Il n'y a que la marche pour laver, tant il est vrai que la terre a la capacité de laver le fond de l'homme. [...] Et le ciel ne peut me laver que je ne le demande à la terre, puisque aussi bien, il n'est de ciel que celui que la terre

---

1. *Christian Bobin,* L'homme qui marche, *Le Temps qu'il fait, 1998.*

me donne. Oh ! Cette grâce inouïe que la terre possède de me donner le ciel[1] !

Dans cette lustration de l'âme et de l'esprit que permet le Chemin, on est entre terre et ciel... Comme pour le profane Antée, de la mythologie grecque, qui y puisait sa force, la marche est cette fusion avec la terre qui nous redonne force et vigueur, mais elle est aussi et surtout élation : c'est-à-dire élévation, grandeur, noblesse, hauteur d'âme ou encore allégresse. Mais, bien plus encore qu'une élation, marcher est pour le Christ un accomplissement, et lequel ! Porter la « bonne parole », aller à la rencontre de ses frères humains pour les sauver d'eux-mêmes, lui sont une obligation absolue. Le Christ s'est fait homme, comme le disent les textes. Mais il ne s'est pas fait qu'homme. Il s'est fait le plus misérable d'entre eux, le plus humble de tous, pauvre marcheur, errant infatigable. Et quiconque oublie cette « kénose », comme l'appellent les théologiens, ne comprend pas. À sa suite – *sequela Christi* –, les apôtres, parfois déroutés (dans le sens le plus littéral du mot), sont aussi de grands marcheurs, comme plus tard un certain saint Paul. Il y a aussi ces femmes irréductibles, marcheuses incandescentes, qui l'accompagnent jusqu'au Golgotha : Marie mère de Jésus, bien sûr, mais encore Marthe, Marie de Béthanie et Marie

---

1. *François Cassingena-Trévedy,* Cantique de l'infinistère, *Desclée de Brouwer, 2016.*

de Magdala (ces deux dernières étant souvent la même dans la tradition occidentale). Car, oui, que l'on soit croyant ou agnostique, s'il est une marche qui, dans la culture occidentale, fait saillie parmi toutes les marches, c'est bien la Passion, le chemin de croix, la lente montée vers le sacrifice.

Au Levant

Déjà, dans l'Ancien Testament, les grands marcheurs sont nombreux – tout un peuple devrait-on dire –, d'Abraham à Jonas (arpentant inlassablement Ninive) et à Moïse qui marche pendant quarante ans dans le désert du Sinaï en quête de la terre promise : le pays de Canaan. Là aussi, tout se fait à pied, à commencer par la traversée de la mer Rouge. Une thèse ne suffirait pas à en relever les occurrences… On sait que dans l'islam, le pèlerinage (*hajj*) et la marche ont aussi un statut important, *idem* dans l'hindouisme, où les pèlerinages abondent, ou chez les bouddhistes, avec entre autres la *kora*, cette *circumambulation* rituelle des moines tibétains. De fait, le bouddhisme insiste sur le choix du prince Siddhartha, le futur Éveillé, de renvoyer son cheval à l'écurie pour ne plus se vouer dans ses voyages incessants qu'au « petit véhicule » que constituent… ses pieds. Pieds d'exception qui représentent, d'ailleurs, un objet de vénération pour de nombreux fidèles.

En Chine, dans la province du Guizhou, se trouve le fameux mont Fanjing au sommet duquel nichent, tels des aires d'aigle, deux temples, l'un dédié à Bouddha, l'autre à Maitreya, reliés par un étroit pont de pierre, à 2 336 mètres d'altitude. Pèlerins ou simples touristes fortement motivés n'y accèdent qu'au bout de quatre heures d'un chemin harassant, après avoir gravi 8 888 marches. Quand je me souviens avoir eu des jambes de coton à la descente des 1 426 marches menant au fort Saint-Jean qui surplombe la baie de Kotor, au Monténégro, j'imagine qu'il vaut mieux avoir de sérieux mollets...

Dans le monde bouddhiste toujours, mais au Japon cette fois, le *Kaihogyo* est assez exemplaire de l'esprit ascétique de la marche. Ce modèle en vigueur chez les moines du mont Hiei, du côté de Kyoto, prend la forme d'un pèlerinage de mille jours – pas un de plus, pas un de moins –, étalés sur sept années. Il se présente sous les espèces d'une marche intense vouée à la méditation et la prière, entrecoupée, selon certaines années, de périodes de jeûne et de veilles drastiques, extrêmement difficiles. On raconte que, depuis sa création à la fin du XVIe siècle, cet exercice de haut vol pédestre n'a été réellement accompli que par... quarante-six moines, l'échec se payant généralement d'un suicide rituel...

Mais revenons à des chemins un peu moins ardus et plus verdoyants. Le destin de Ji Dahai – premier peintre et calligraphe chinois à avoir fait le chemin de Compostelle après un certain nombre de pèlerinages traditionnels dans sa Chine natale – est une belle passerelle entre Orient et Occident. J'eus la joie de faire sa connaissance lors d'une conférence en duo, organisée par une société jacquaire. Comme il en témoigna avec ferveur[1] :

> Durant ces 1600 kilomètres, j'ai suivi ce long fleuve, emporté par des flots de merveilles que m'offraient le patrimoine, les paysages et les rencontres. Et ce que j'irais recueillir sur mes "soutras" allait se faire offrande : c'est comme si chaque trait de mon pinceau était l'expression de ma prière quotidienne. [...] L'amour que j'ai ressenti lors de ce voyage est aujourd'hui au cœur de mon travail d'artiste – et au cœur de ma vie.

Comme lui, assoiffé d'apprendre, de connaître, dès mon âge le plus tendre, j'ai compris – finalement assez vite – que s'intéresser à tout est un leurre qui mène à la saturation, saturation par le trop, mais surtout saturation par le vide, le superflu, le souverain rien... Aussi, ai-je décidé de faire un tri drastique et c'est ainsi que lorsque, en société, comme l'on dit, on me parle de certaines choses, notamment liées à l'hydre-actualité qui se dévore sans cesse elle-même, je ne puis répondre qu'une chose, c'est que non seulement je n'y connais rien, mais que je m'en tamponne allègrement le coquillard... Pour parvenir à approfondir ce qui est

1. *Dans* À Compostelle, hommages au chemin de Saint-Jacques, op. cit.

essentiel pour nous, il faut bien évidemment en passer par là, par cet éloignement du monde et de ses contingences multiples qui ne signifient rien ou guère plus. Évidemment, cela ne veut pas dire pratiquer l'indifférence absolue à ce qui meut cette planète et ses locataires agités – je sais me tenir au minimum informé –, mais, oui, belle indifférence au sport médiatisé, au divertissement-roi, aux glorioles télévisuelles, à cette fausse monnaie que l'on veut nous fourguer chaque jour. Plutôt qu'indifférence, je dirais donc détachement. « Mépris » moqueur, même, au sens – on l'a vu – que Bernard de Clairvaux donnait à ce mot : *spernere mundum*, se moquer du monde et de ses vaines gloires, de ses artifices à paillettes qui devraient n'éblouir que les gosses, pour se consacrer un peu plus à l'essentiel : l'art, l'amour, le sacré...

Terres altières

Il y a, évidemment, du *spernere mundum* dans l'ambulation avisée et méditative que pratiquaient, plus qu'à leur tour, les moines franciscains, cisterciens ou clunisiens, d'une abbaye à l'autre, sur des distances parfois folles. Ambivalence du *spernere mundum*, mépris du monde dans ce qu'il a de pire, mais vénération du monde dans son meilleur et, notamment, les trésors de la Création : la nature dans ses aspects les plus puissants, les plus régénérants. François Cassingena-Trévedy montre que la marche peut être un profond exercice de méditation en communion avec les éléments, avec l'espace infini qui se déploie devant nous. On peut lui faire crédit de cette vérité dont il est l'humble et fervent dépositaire : n'est-il pas… moine bénédictin à l'abbaye de Ligugé ? Ainsi écrit-il : « L'on s'en va *là-bas* par désir, par grand vent de grand désir, galvanisé par la force apéritive d'un but qui s'exalte et se dérobe, dans une espérance exorbitante de l'espace, dans ce soulèvement général de l'être dont le prophète Isaïe exprime la promesse : *Sur les terres altières Je te soulèverai* (Is. 58,14), et dont la terre la plus terrestre elle-même donne le branle, au long de son incalculable histoire[1]. » Oui, tandis qu'il devrait être l'objet d'une formidable aspiration (inspiration…) verticale, qu'il devrait s'exhausser au-dessus de lui-même, s'élever sans cesse, transcender sa condition de gnome béat en regardant un peu vers le haut, *Homo pseudo sapiens* – et je ne m'exclus certes pas de l'Espèce – ne regarde la plupart du temps que vers le sol, le bout de ses chaussures, la glaise qui colle lourdement à ses semelles, glaise dans laquelle il s'enlise, dans laquelle il se vautre encore plus souvent, maculant un peu plus chaque jour sa jolie déchéance. Qui a écrit : « Seul l'esprit s'il souffle sur la glaise peut créer l'homme » ?

François d'Assise fut, à son tour, un marcheur impénitent (enfin, façon de parler…, le langage

1. *François Cassingena-Trévedy,* Cantique de l'infinistère, op. cit.

nous fait parfois de ces clins d'œil...), sur les chemins d'Ombrie et d'ailleurs, dans le froid de l'hiver autant que sous un soleil ardent. Un autre saint, Augustin, évêque d'Hippone, a bien dit dans une œuvre majeure l'importance du chemin :

> Le jour où tu te dis : cela suffit !, tu es déjà mort. Ajoute toujours, avance toujours, marche toujours. Ne reste pas en chemin, ne recule pas, ne sors pas de la route. Qui n'avance pas piétine[1] !

Qu'il y ait une épiphanie de la marche, l'expérience l'enseigne. Professe-t-on une foi ou non, cette manifestation du sacré, du divin, semble tôt ou tard une évidence quand on se frotte à l'insolente beauté du monde, du ciel ou des océans. L'ignoble, pourtant, est aussi présent, partout. À commencer par ces conurbations qui n'en finissent pas, hérissées de panneaux publicitaires à la laideur obscène, dans ces campagnes qui n'en sont plus, agonisant entre deux rocades et deux décharges publiques comme un saurien antédiluvien. Oui, il y a en contrepoint cette fascination de l'humain pour la laideur, le bas, le vil, l'innommable en lui. Je ne suis pas sûr, comme le prince Mychkine, que la beauté sauvera le monde, mais elle nous baptise chaque jour de son eau lustrale, nous irrigue d'une grâce infinie et, pour peu qu'on en relaie le pouvoir, fait éclore en nous d'incroyables fruitions.

---

1. *Saint Augustin, Sermon 169.*

Cette beauté, c'est en marchant que j'ai eu le sentiment le plus intime de l'approcher, de pouvoir, enfin, l'accrocher à mes basques.

Dans l'histoire de la chrétienté (on en trouve aussi ailleurs, dans l'hindouisme ou dans le monde musulman, chez les derviches Mevlevi), on connaît ces moines gyrovagues qui ont un jour tout quitté pour s'aventurer sur les routes. Un choix de vie itinérant vite réprimé par la règle de saint Benoît, qui instaura l'obligation de stabilité, impératif confirmé dès 451 par le concile de Chalcédoine. Cela n'empêcha pas certains évangélisateurs, notamment en Irlande ou en Bretagne, de perpétuer cette *circumévangélisation* digne du tout premier christianisme. Il reste que c'est dans la tradition orthodoxe et orientale que les moines-pèlerins (*stranniks*) eurent la plus longue postérité. Et que dire de ces « fols-en-Christ », dont la quête mystique fit de perpétuels errants ? François d'Assise en fut une figure exemplaire, mais ces vagabonds « habités » sont apparus dès l'aube du christianisme. Ils font vœu d'abandon le plus total de leurs biens, s'ils en ont, et se vouent exclusivement à Dieu. Saint Procope d'Oustioug vivait ainsi, à moitié nu, en été comme en hiver, allant d'un tas de fumier à un autre, toujours errant, toujours priant, rappelant la condition des plus pauvres à ceux qui voulaient l'oublier. Plus près de nous, saint Benoît-Joseph Labre[1], « le vagabond de Dieu », qui fut mendiant

1. *1748-1783.*

et finit lui aussi canonisé, vécut une vie d'errance pour finir inanimé à Rome, sur les marches de l'église Sainte-Marie-des-Monts. Incarnation de la bonté, il était parfois en butte à la cruauté du monde, celle des enfants surtout qui lançaient volontiers des pierres à ce pèlerin d'un autre âge, vêtu d'une bure, d'un chapeau de feutre, et dont la gourde ne suffisait pas à étancher la soif. C'est sur ses pas que Germain Nouveau, ami de Rimbaud et de Verlaine, errant chronique et mystique, de Rome à Saint-Jacques-de-Compostelle et jusqu'aux confins de l'Orient, se fit également mendiant et mourut de misère le jour même de Pâques. Aragon en faisait l'égal de Rimbaud. Sans aller jusque-là, on ne peut que reconnaître un beau poète en lui et un de ces grands marcheurs en quête des autres et du monde, mais surtout du salut…

« L'homme est grand en ce qu'il se sait misérable », ce mot si puissant de Pascal trouve, je le crois, une de ses représentations les plus fortes dans cet exercice d'humilité par excellence qu'est la marche. C'est face à nous-même, à notre « humaine condition » que nous, frères humains, sommes à la fois les plus vulnérables et les plus susceptibles d'accéder au plus haut. Pendant longtemps, l'homme s'est voulu plus grand qu'il n'est : les héros, la noblesse, son statut de créature divine. Aujourd'hui, sous certaines latitudes, il se veut si loin du ciel que sa crête occipitale dépasse à peine du caniveau. Il faudra bien, un jour, trouver une juste mesure…

De l'art et de la littérature considérés comme une marche sans fin

« Seuls se félicitent d'être arrivés ceux qui se savent incapables d'aller plus loin. »
Amin Maalouf

Vallée du Loir

Comme l'auteur de l'ode à Cassandre, « Mignonne, allons voir si la rose... », Balzac est ici chez lui, à Vendôme et en Vendômois. Son buste tout mangé de mousse ornant le parc Ronsard rappelle qu'il y étudia entre huit et quatorze ans, dans l'ancien collège des Oratoriens transformé en hôtel de ville. À l'orée de l'adolescence, il fut frappé d'une sorte de fièvre qui alarma tant son entourage qu'il fut enlevé du collège en aussi peu de temps qu'il faut pour le dire. Comme l'écrit Laure Surville[1] :

> Balzac avait quatorze ans quand M. Mareschal, le directeur du collège, écrivit à notre mère, entre Pâques et les prix, de venir en toute hâte chercher son fils. Il était atteint d'une espèce de *coma* qui inquiétait d'autant plus ses maîtres qu'ils n'en voyaient pas les causes. Mon frère était pour eux un écolier paresseux ; ils ne pouvaient donc attribuer à aucune fatigue intellectuelle cette espèce de maladie cérébrale. Devenu maigre et chétif, Honoré ressemblait à ces somnambules qui dorment les yeux ouverts.

Pourtant, comme il l'évoquera dans son roman fortement autobiographique, *Louis Lambert*, le jeune Honoré avait, avant cela, couru la région en marcheur infatigable. Il se souvenait de ces marches forcées où, sous la conduite des pères, les collégiens usaient leurs galoches jusqu'au trognon, mais aussi de ces échappées bénies durant lesquelles s'exaltait sa pensée. Il n'est presque pas de jour sans que j'imagine, en ouvrant le portail de notre maison, tomber nez à nez avec un gamin fourbu, ayant marché depuis Vendôme, battu la campagne avec rage et étant venu s'octroyer un

---

1. *Laure Surville, sœur de Balzac, qui écrivit une biographie de son aîné :* Balzac, sa vie et ses œuvres d'après sa correspondance.

repos salutaire sur l'herbe drue devant « notre » église ou à l'abri de son caquetoire.

> Heureusement pour moi, s'écria-t-il un jour, il se rencontre de bons moments pendant lesquels il me semble que les murs de la classe sont tombés, et que je suis ailleurs, dans les champs ! Quel plaisir de se laisser aller au cours de sa pensée, comme un oiseau à la portée de son vol !
>
> — Pourquoi la couleur verte est-elle si prodiguée dans la nature ? me demandait-il. Pourquoi y existe-t-il si peu de lignes droites ? Pourquoi l'homme dans ses œuvres emploie-t-il si rarement les courbes ? Pourquoi lui seul a-t-il le sentiment de la ligne droite ?
>
> Ces paroles trahissaient une longue course faite à travers les espaces. Certes, il avait revu des paysages entiers, ou respiré le parfum des forêts. Il était, vivante et sublime élégie, toujours silencieux, résigné ; toujours souffrant sans pouvoir dire : je souffre[1] !

Exutoire aux souffrances, ces « longues courses à travers les espaces » dont il fut coutumier laissèrent de multiples traces dans l'œuvre d'Honoré. C'est à pied que le colonel Chabert retrouve la France depuis le charnier d'Eylau où il a été laissé pour mort. C'est lors de longues marches que, dans *Louis*

---

1. *Honoré de Balzac,* Louis Lambert, *Gallimard, « Folio », 1979.*

Lambert, le jeune Balzac fait son apprentissage, la liste serait longue :

> Le manoir Rochambeau était l'objet de la plus célèbre de nos excursions, peut-être à cause de son éloignement. Rarement les petits faisaient une course si fatigante ; néanmoins, une fois ou deux par an, les Régents leur proposaient la partie de Rochambeau comme une récompense. En 1812, vers la fin du printemps, nous dûmes y aller pour la première fois. Le désir de voir le fameux château de Rochambeau, dont le propriétaire donnait quelquefois du laitage aux élèves, nous rendit tous sages. [...] Alertes comme des hirondelles, nous marchâmes en troupe vers le célèbre castel, avec une ardeur qui ne nous permettait pas de sentir tout d'abord la fatigue. Quand nous fûmes arrivés sur la colline d'où nous pouvions contempler et le château assis à mi-côte, et la vallée tortueuse où brille la rivière en serpentant dans une prairie gracieusement échancrée [...], Louis Lambert me dit :
>
> — Mais j'ai vu cela cette nuit en rêve !

Parvenu à l'âge mûr, Balzac était toujours bon marcheur. Ne parcourut-il pas la distance (environ 30 kilomètres) qui séparait Tours du château de Saché où son ami Jean Margonne l'accueillait pour des semaines heureuses, vouées à l'écriture et aux promenades bucoliques dans la vallée de l'Indre ?

On a déjà évoqué Rimbaud, dromomane invétéré, mais le flirt poussé de beaucoup d'écrivains avec la marche remonte à loin. Depuis l'*Anabase* de Xénophon, prodigieuse odyssée pédestre des « dix-mille » de retour vers Sparte, Athènes ou Thèbes, après avoir guerroyé pour Cyrus le Jeune contre son frère Artaxerxès II, on peut évoquer de nombreux cas. En un temps où les transports hippomobiles étaient peu commodes et souverainement lents, la marche était le mode de locomotion le plus habituel.

Mandelstam parle de Dante, l'auteur de *La Divine Comédie*, comme d'un souverain marcheur :

> C'est avec le plus grand sérieux que je me demande combien de semelles, combien de peaux de bœuf, combien de sandales, Alighieri a pu user au cours de son labeur poétique tandis qu'il court le sentier de chèvres de l'Italie.

Quinze ans à peine après la mort du prodigieux Florentin, le 26 avril 1336, Pétrarque, accompagné de son frère et de deux serviteurs, fera l'ascension du mont Ventoux, chemin de conversion pour la transfiguration d'une vie. Condition de marcheur si naturelle en ces temps.

Pour emprunter brièvement à d'autres arts, c'est sans nul doute en marchant qu'Antonello de Messine s'en va un jour affronter les brumes de Septentrion et rapporte dans l'Italie de la jeune

Renaissance le secret des maîtres flamands... Pour les peintres de la « modernité », cela ne fut vrai, mais, ô combien !, qu'à partir du moment où ils quittèrent leur atelier pour travailler au grand air : ceux de l'école de Barbizon – Corot, Diaz, Rousseau... –, mais surtout les impressionnistes, épris d'espaces et de lumière, qui furent souvent de grands avaleurs de ciels. Au premier rang d'entre eux un certain Cézanne, dont le tempérament taciturne se repaissait volontiers de longues marches solitaires dans sa chère Provence, en quête d'un angle neuf sur la Saint-Victoire ou d'un effet inédit du soleil sur les tuiles de l'Estaque.

On dit aussi que c'est en marchant que le sculpteur Brancusi, fils d'humbles paysans roumains, fit des milliers de kilomètres pour rallier Paris, son Canaan à lui. Quant à un certain Jean-Sébastien Bach, c'est à vingt ans et à pied qu'il fit les... 400 kilomètres (et autant pour le retour) séparant Arnstadt de Lübeck pour rencontrer le plus grand organiste de son temps : Dietrich Buxtehude.

Montaigne, qui apprit aux élèves fiévreux que nous étions que les voyages forment la jeunesse, fit à pied une bonne partie d'entre eux. *Idem* pour un Villon ou un Rabelais, grands arpenteurs de chemins creux. Que dire plus tard de Rousseau – revenons à lui – parcourant l'Europe à la force de ses godillots ? Marchant, herborisant, écrivant *Les Rêveries du promeneur solitaire* ? On dit qu'il chantait en marchant, comme les moines marmonnent sur le chemin leur prière monologique. Musicien, ne l'oublions pas, il commit quelques œuvres d'ampleur et l'on sait que son *Devin du village* connut un véritable triomphe. Imaginons-le, vêtu de sa célèbre « tenue d'Arménie », caftan jusqu'aux pieds et toque sur la tête, avalant des kilomètres comme un vrai métronome. C'est un fait, le « bon sauvage » qui lui est cher était le marcheur par excellence, incarnation même, comme il le pensait, de la vie simple, vertueuse, non inféodée encore aux vices d'une société qui le pervertit : le chasseur-cueilleur bien-aimé des ethnologues. Déjà, la *liberté libre*... Son collègue encyclopédiste, avec qui il ne fut pas toujours d'accord, Diderot, ne fit-il pas de *Jacques le fataliste et son maître* un roman ambulatoire d'une singulière nouveauté pour son temps ? Jacques et son maître marchent. On ne sait d'où ils viennent, on ne sait où ils vont. Diderot, d'ailleurs, n'en a cure : ici c'est le chemin qui compte et le cheminement des idées.

Chateaubriand, lui aussi, comme les romantiques à sa suite, fut un solide marcheur. En date du 5 janvier 1804, il avait alors trente-six ans, une marche fait date pour lui : l'ascension du Vésuve dont le récit parut en partie dans le *Mercure de France*[1]. Ce morceau de bravoure est digne de l'épopée. Il faut dire qu'avec son génie, il avait l'art de transmuer une marelle improvisée dans son jardin en geste romantique, en immortelle odyssée. C'était aussi le cas de Lamartine. Sa nature dolente n'empêcha

1. *Et deux ans plus tard, en 1827,* in extenso, *dans le* Voyage en Italie.

pas le poète du *Lac* d'être un bel arpenteur de ces chemins escarpés qu'il empruntait pour prendre de la hauteur : « ces riants coteaux » surplombant les eaux noires du lac du Bourget. Il est possible, aujourd'hui, de suivre ses pas sur un chemin balisé, de l'abbaye de Hautecombe au belvédère de la Chambotte en passant par la grotte qui porte son nom, ce que je fis naguère.

Les *lakistes*[1] britanniques : Coleridge, Southey, De Quincey, Scott, et Wordsworth surtout – pionnier du mouvement qui s'aventura jusque dans les Alpes –, furent eux-mêmes de grands apologistes de la marche et d'un lien retissé avec la nature. Comme purent l'être les adeptes du *Sturm und Drang* et les romantiques allemands, de Goethe à Schiller, de Kleist à Novalis, tous *wanderer* devant l'Éternel. Ce concept de *wanderer* est d'ailleurs important, qui désigne l'errant, le vagabond, dont la destinée est vouée à une ambulation sans fin, un peu comme, en proie à la fatalité, Sisyphe pousse éternellement son rocher. Beaucoup d'auteurs en seront inspirés et jusqu'à des compositeurs comme Schubert ou Wagner. Goethe, de son côté, arpenta aussi les Alpes mythiques :

---

1. Poètes et auteurs de la fin du XVIII*e et du début du* XIX*e siècle qui élurent domicile dans le Lake District, région montagneuse située dans le nord-ouest de l'Angleterre.*

Les guides, qui avaient un grand plaisir à parler de notre expédition heureusement terminée, nous célébraient comme des marcheurs d'une force peu commune, et ils assuraient qu'ils ne voudraient pas entreprendre cette course avec tout le monde. Ils nous avouèrent que, ce matin, quand on les avait appelés, l'un d'eux était venu d'abord nous reconnaître, pour voir si nous avions la mine de pouvoir les suivre[1].

À une époque où le voyage initiatique se développait dans les classes aristocratiques ou la bourgeoisie naissante, prenant bientôt l'allure d'un « Grand Tour[2] », la marche devait constituer une sorte de rite de passage auquel tout artiste devait sacrifier. Shelley, Byron, malgré son pied bot, Keats, Chateaubriand, Lamartine, Goethe, Gautier, Flaubert et Maxime Du Camp (déjà titulaires, ces deux-là, d'une sorte de Tro Breiz à travers la Bretagne[3]), firent ainsi des milliers de kilomètres, souvent à pied, parfois jusqu'en Terre sainte et dans l'Empire ottoman.

---

1. Voyages en Suisse et en Italie, *Librairie Hachette, 1862.*

2. *Déjà en vogue au* XVII*e siècle, mais connaissant son apogée aux* XVIII*e et* XIX*e siècles, ce périple réservé à une élite cultivée menait vers l'Italie, la Grèce et la grande histoire gréco-romaine, se poursuivant parfois vers l'Orient méditerranéen.*

3. Par les champs et par les grèves. Voyage en Bretagne, *périple de 1847-1848. Le Tro Breiz, pèlerinage qui fait le tour de la Bretagne en passant par ses sept évêchés historiques.*

Je me rappelle le premier « pèlerinage » que je fis à Rome sur les pas de John Keats. Avant d'y mourir de phtisie, en lisière de la *piazza di Spagna*, il disait avoir connu la mue de l'« agneau versificateur » qu'il était en marcheur infatigable, doté d'une « paire de jambes sublunaires endurantes ». Une longue marche dans les Highlands, comme avant lui Walter Scott, avait forgé son tempérament et affermi ses mollets. Comme il l'écrit dans une lettre :

> Je ne me serais pas accordé ces quatre mois de marche dans les Highlands si je n'avais pas cru là élargir mon expérience, [...] appréhender de plus beaux paysages, me rassasier de montagnes plus grandioses et étendre plus vigoureusement la portée de ma poésie, qu'en restant chez moi parmi les livres fût-ce avec Homère sous la main[1].

La marche comme expérience poétique, comme expérience créatrice. Voilà qui renvoie à une longue tradition. Et cette tradition perdurera, passant par Apollinaire, « flâneur des deux rives » qui « écrivait » en marchant, ou ce *piéton de Paris* qu'était Léon-Paul Fargue.

Mille passus

Alexandre Dumas, lui, le dit bien dans ses *Mémoires*. Encore jeune à l'époque, séjournant

1. *John Keats,* Lettres, *Belin, 1993.*

à Crépy-en-Valois, il part *pedibus* visiter le tombeau de Rousseau, situé à Ermenonville, à près de six lieues de là, c'est-à-dire la bagatelle de 24 kilomètres, ce qui fait tout de même une sérieuse balade aller-retour... On sait que son ami Hugo sacrifia lui-même au voluptueux impératif de la marche quotidienne. Avait-il peur comme Eugène Sue – autre grand enjambeur de lieues – que l'obésité ne le gagne ? Toujours est-il qu'en adepte de l'hydrothérapie et de l'exercice physique, il ne dérogea que rarement à ce qu'il appelait son *mille passus*. Cette balade digestive, de deux heures environ, il la fit seul ou accompagné de sa chère Juliette Drouet, à Paris, dans ses divers voyages[1], mais aussi à Jersey et surtout Guernesey, *exîle* chère à son cœur. Nul doute que *Les Travailleurs de la mer*, sublime hommage aux marins, est né de ces pérégrinations terrestres rythmées par le ressac. Ces déambulations, à longue portée, comme au bord du Rhin, en Suisse, en Espagne, ou plus réduites comme ses balades parisiennes, étaient ancrées dans un rituel d'écrivain à l'affût de mille détails, emportant toujours un carnet de notes, mais aussi dans celui du talentueux dessinateur qu'il fut. Comme le souligne Delphine Gleizes[2], « la marche, pour l'écrivain [Hugo], le porte bien au-delà d'un

1. *Dans* Le Rhin, *il évoque « l'imagination ailée, opulente et joyeuse d'un homme à pied ».*

2. *Delphine Gleizes, « En marchant, en dessinant »,* Genesis, *vol. 45, 2017, en ligne.*

exercice romantique auquel pourtant il se livra régulièrement. Célestin Nanteuil ne le conforta-t-il pas dans la pratique du carnet de voyage lors d'un périple en Normandie, en juin 1836, en compagnie de Juliette Drouet, en lui laissant son propre album de dessin et en l'incitant à achever de le remplir ? » Hugo fut facile à convertir tant, chez lui, marcher était une seconde nature :

> À pied, on s'appartient, on est libre, on est joyeux ; on est tout entier et sans partage aux incidents de la route, à la ferme où l'on déjeune, à l'arbre où l'on s'abrite, à l'église où l'on se recueille. [...] La marche berce la rêverie ; la rêverie voile la fatigue. La beauté du paysage cache la longueur du chemin. On ne voyage pas, on erre. À chaque pas que l'on fait, il nous vient une idée...

Du côté des Russes, on sait que Pouchkine fut un marcheur « ailé », capable de parcourir d'impressionnantes distances. Michel Yermoloff, dans un ouvrage paru en 1858, évoque de longues promenades pédestres, « employées à méditer solitairement ». Et d'ajouter :

> [...] Pouchkine était grand marcheur, et durant l'été, installé à la campagne, et se trouvant chaque jour obligé d'aller à la ville, il ne manquait jamais, quelque temps qu'il fît, de s'y rendre à pied et d'en revenir de même. Il avait pour maxime constante que tout ce qui peut contribuer à fortifier le corps tend également à donner de la vigueur à l'esprit.

Tourgueniev, lui, était grand chasseur, donc marcheur. Dans sa nouvelle *Moumou*, écrite en prison en 1852, il revit par procuration un émouvant épisode de marche :

> Gérasime ne pouvait les entendre, non plus que le murmure nocturne des arbres le long desquels l'emportaient ses jambes robustes, mais il reconnaissait l'arôme familier des blés qui mûrissaient dans les champs remplis d'ombre, il aspirait l'air vivace du sol natal qui, semblant venir à sa rencontre, lui caressait le visage, se jouait dans sa barbe, et dans ses cheveux. Il voyait s'étendre devant lui, droite comme une flèche, la route blanchoyante, et resplendir au-dessus de sa tête les innombrables étoiles qui éclairaient sa marche. Il cheminait donc comme un lion vigoureux et hardi, et lorsque le soleil levant vint l'illuminer de ses rayons rougeâtres, trente-cinq verstes séparaient déjà de Moscou l'infatigable marcheur[1].

Quant à Tolstoï, un ami américain me dit que son père, universitaire et spécialiste de littérature russe à Oberlin College (Ohio), a refait à pied le trajet qui mène de Moscou à son vaste domaine de Iasnaïa Poliana, à une douzaine de kilomètres de la ville de Toula, dans l'oblast du même nom. Deux cents kilomètres, tout de même, entre la capitale et « La clairière aux frênes », comme l'on pourrait

1. *Ivan Tourgueniev,* Moumou, *Mercure de France, 1997.*

traduire le toponyme. On sait aussi que Tolstoï ne regimbait pas devant de longues marches dans son domaine, au grand dam de ses familiers. En juin 1881, affublé d'un vieux caftan troué, sac sur l'épaule, accompagné d'un serviteur, il prend la route du monastère d'Optina situé à l'orée de la ville de Kozelsk, à environ 160 kilomètres de là, où Dostoïevski a lui-même séjourné quelques années plus tôt. Leur allure de mendiants ne plaidant pas pour eux, ils seront refoulés du réfectoire et dirigés vers la salle réservée à leurs « congénères ». Grande émotion pour l'écrivain que de se retrouver là, au milieu des plus humbles, comme il le souhaitait plus que tout. Plus tard, la rumeur ayant couru que le comte Tolstoï avait franchi l'huis du monastère, il sera admis à la table de l'higoumène (père supérieur). On connaît l'épilogue de sa vie. À l'âge de quatre-vingt-deux ans, au cours de la nuit du 27 au 28 octobre 1910, il fuit Iasnaïa Poliana pour, dit-il, « vivre selon le Christ ». Seule sa fille Alexandra est dans la confidence. Sofia, sa femme, ne l'apprendra que le lendemain par une lettre et tentera de se suicider. Après une marche éreintante dans le froid de l'automne russe et un bref séjour au monastère d'Optina, il finit sa route dans la modeste gare d'Astapovo, son dernier refuge. Jusqu'à la fin, toujours en mouvement, son doigt dessinera de mystérieuses lettres sur les draps immaculés de son lit.

Stevenson était prompt à arpenter les Highlands ou à soigner ses peines de cœur dans les Cévennes avec une ânesse prénommée Modestine[1], qui faillit le faire tourner en bourrique. En marcheur expérimenté, il savait qu'il ne faut pas « charger le baudet » et, pourtant, la belle Modestine resta blindée de la caboche... Certaines scènes de son périple sont édifiantes à ce propos :

> À peine hors du village, Modestine, possédée du démon, jeta son dévolu sur un chemin de traverse et refusa positivement de le quitter. Je laissai choir tous mes ballots et, j'ai honte de l'avouer, cognai par deux fois la coupable en pleine figure. C'était pitoyable de la voir lever la tête, les yeux clos comme si elle attendait une autre correction. Je me rapprochai en hurlant, mais j'agis plus sagement que cela et je m'assis carrément sur le bord de la route afin d'envisager ma situation sous l'influence lénifiante du tabac et d'une goutte de brandy. Modestine, pendant ce temps-là, croquait quelques morceaux de pain bis d'un air d'hypocrite contrition. Il était clair que je devais offrir un sacrifice aux dieux du naufrage[2]...

Henry David Thoreau se fit lui un théoricien-praticien de la marche. Dans son essai intitulé

---

1. *Cf. son célèbre* Voyage dans les Cévennes avec une ânesse. *Le « chemin Stevenson », bien balisé, est depuis devenu un* « must » *pour les marcheurs.*

2. Ibid.

Walking[1], il en fait l'éloge appuyé. Paru en 1862 dans la revue *The Atlantic Monthly*, ce texte ne fut publié en volume qu'à titre posthume, intégré à son célèbre *Éloge de la vie sauvage*.

> Il m'est impossible de me conserver en santé et en bonne humeur, si je ne consacre pas au moins quatre heures par jour, et ordinairement davantage, à vagabonder dans les bois, sur les collines et par les champs dans une absolue indépendance à l'égard des engagements de ce monde.

Loin des engagements de ce monde..., mais pas imperméable à ses malheurs. On sait qu'en défricheur d'une écologie « naturelle », il aura une brillante postérité, allant jusqu'à inspirer – ardent défenseur qu'il fut aussi de la « désobéissance civile » – Gandhi, puis Martin Luther King, et leurs célèbres marches pour la liberté.

Rappelons, ici, que le chemineau – et non le cheminot qui, lui, prend plus volontiers le train... – était cet ouvrier corvéable qui parcourait les campagnes en quête de petits travaux de survie. L'appellation est vite devenue péjorative désignant un vagabond, un rôdeur, celui qui vit de modestes besognes, mais aussi d'aumône ou de divers larcins... Dans le genre chemineau, on pourrait s'épancher sur la

1. *Henry David Thoreau,* De la marche, *Mille et une nuits, 2020.*

Beat Generation[1] : Kerouac, Ginsberg, Burroughs et consorts, et ces vieilles lunes qu'ils croyaient neuves, transformant Katmandou en gare de triage des rêves vaporeux et stupéfiants... Je n'oublie pas Jack London, chemineau patenté, au Klondike et ailleurs, mais je dirai un mot fraternel d'une figure moins connue – du moins dans cette France qui l'a vu naître –, le Breton Louis Hémon qui, à force de marcher sur le ballast des chemins de fer pour se faire embaucher à droite et à gauche, fut happé par une locomotive du Canadien National, à Chapleau, en Ontario. C'était en juillet 1913. Hémon fut la validation même de ce mot que Gide nota un jour dans son *Journal* : « Combien de grands artistes ne gagnent leur procès qu'en appel ! » De fait, ses livres ne le feront connaître qu'à titre posthume. Le plus célèbre d'entre eux, formidable concentré de son expérience canadienne, est devenu emblématique au Québec : *Maria Chapdelaine*...

Du côté des randonneuses hauturières, car elles furent plus nombreuses qu'on ne le pense, on sait qu'une Alexandra David-Néel fut une exploratrice et une marcheuse hors pair et ce jusqu'au Népal et au Tibet, alors presque inconnus, dont elle rapporta d'exceptionnels récits. Isabelle Eberhardt fut, elle, une inlassable amante du désert et mourut de la soudaine colère d'un oued en octobre 1904. On sait

1. *Rappelons que le mot* beat *désigne au* XIX*e* *siècle un « vagabond du rail » se déplaçant à pied ou, clandestinement, à bord des wagons de marchandises.*

moins, en revanche, que George Sand, avant elle, avait connu une aventure pédestre au long cours entre la France, la Suisse et l'Italie. Qui lit encore ses belles *Lettres d'un voyageur* ?

Plus près de nous, l'académicienne et grande helléniste Jacqueline de Romilly était familière de longues marches, notamment provençales[1]. « Les chemins de Sainte-Victoire, écrivait-elle, me purifient comme une prière. Ils me rendent plus accueillante aux diverses souffrances qui m'attendent au retour, quand, redescendant des hauts lieux pleins de vent, je retrouve le monde des hommes. » De nos jours, on peut citer l'Américaine Cheryl Strayed, partie marcher sur le Pacific Crest Trail, entre le Mexique et le Canada. Une épopée devenue livre : *Wild*, mué à son tour en un film hollywoodien. Évoquons aussi Sarah Marquis, arpenteuse du monde et de ses confins, comme l'île de Tasmanie, grande comme plus de deux fois la Belgique et encore nimbée de fantasmes divers (est-ce dû au fameux diable qui en tire son nom… ?). Quant à Rebecca Solnit, fruit de nombreuses aventures itinérantes ou de pèlerinages, elle a laissé un livre qui fait référence sur le sujet[2]. Je n'oublierai pas enfin Gaële de La Brosse, éditrice et écrivaine, fervente des chemins de Compostelle,

1. *Jacqueline de Romilly,* Les Chemins de Sainte-Victoire, *Julliard, 1987.*

2. *Rebecca Solnit,* L'Art de marcher, op. cit.

de Rome ou d'Assise, mais aussi du Tro Breiz, auteure entre autres d'un bel *Éloge du pèlerinage*[1].

Une affaire de style

Et voilà qu'écrivant ces lignes, je repense à deux de mes maîtres, écrivains admirables aujourd'hui disparus, qui furent aussi des amis précieux : Jean-Claude Pirotte et Marcel Moreau. Avec Pirotte, j'eus la chance de sillonner quelques villes, un peu Paris, La Rochelle, Troyes, plutôt la nuit…, et quelques arpents de ce Cabardès aux terres chaudes où il habita à un moment de sa vie. Je sais qu'il marchait bien, droit sur deux jambes étiques, d'une allure un peu heurtée à la fin, s'appuyant sur une vieille canne, en « dandy » qu'il était aussi. Dans une de ses lettres retrouvées dans mes tiroirs, ne regrette-t-il pas « … ces soirs bohèmes que nous avons connus », évoquant « nos marches sous la lune. C'était l'heureux temps de nos rencontres familières… » ? Moi aussi, avec bonheur, je me les rappelle ces nuits errantes, pleines de verres soustraits aux comptoirs, de vers offerts à la lune et de dévotion à nos maîtres. Une de ses grandes admirations allait d'ailleurs à un illustre écrivain-marcheur déjà cité : Charles-Albert Cingria. « Clodo gyrovague » au béret de bedeau, Cingria était un petit bonhomme épais à la finesse extrême, amateur de marche et de bicyclette. Pauvre comme pas un,

1. *Gaële de La Brosse,* Éloge du pèlerinage, *Salvator, 2021.*

riche d'esprit comme douze. Musicien de talent, exégète du plain-chant, organiste de rencontre dans les églises qui bordent sa route, dessinateur, écrivain. Doué en tout, reconnu en rien, ou d'un cercle restreint, dont Paulhan, Claudel, Jacob, Stravinsky qu'il éblouit chaque jour de sa verve saignante, ou poétique, selon l'humeur. Un chrétien du haut Moyen Âge qui n'eût pas bu que du vin de messe. Un saint Benoît-Joseph Labre éclos en Lotharingie, familier d'un galetas de la rue Bonaparte et de la fréquentation des étoiles. Oui, je me souviens que Jean-Claude me parlait souvent de lui, dont il avait fait un maître en glorieuse *cavale*.

Marcel Moreau fut-il grand marcheur ? Son petit-fils Baptiste me dit qu'il le fut par intermittence, lorsqu'il voyagea à travers le monde, en Grèce, par exemple, ou lors des étapes de ce Moscou-Pékin qu'il fit en Transsibérien. Moreau apparaît, jeune, dans un film de la télévision belge, fendant la foule dans les rues de Bruxelles, mû, comme il l'était, par un feu intérieur. Un jour, le cheveu en bataille et la barbe à l'avenant, ce Dionysos mâtiné de Socrate, qui aurait lu Nietzsche et Dostoïevski, me tendit un verre de vin au rubis profond et nous en goûtâmes les arômes de cuir. Ce jour-là, nous devînmes amis. Cet homme troussait la robe des vins comme celle des dames, présidait avec tact au *sacre de la femme* et avait au coin de l'œil une lumière ardente. Son écriture, elle, ondulait depuis des siècles sur des pages ordaliques, où semblait s'ordonner le chaos du monde. Elle m'évoquait un fleuve en crue, une marche puissante, sans fin…

N'ayant fait avec lui que de modestes balades à Paris, dans notre arrondissement d'élection, je ne peux donc dire s'il fut grand marcheur. Il est vrai qu'il avait déjà un certain âge et que nous préférions parler pendant des heures dans son antre à la lumière tamisée, veillés par ces tableaux, ces sculptures, ces œuvres d'amis qu'il aimait. Cela dit, comme il n'eut jamais de permis de conduire, on peut gager que ce « dévorateur de visible et d'invisible » aura forcément marché… Pendant que j'écris ces lignes, assis à mon bureau, son portrait photographique me fait face. Son regard, d'une extraordinaire acuité, à la fois incisif et bienveillant, est là qui me sonde et semble m'intimer l'« ordre » de me mettre au boulot lorsque je suis en proie à ce que j'appelle la *danse du scalp*, pathétique procrastination qui m'agite parfois au moment d'écrire… Allez, en avant, marche ! Merci Marcel. De tout cœur.

Nicolas Bouvier, Bruce Chatwin, Jacques Lanzmann, Sylvain Tesson, Antoine de Baecque, Alexandre Poussin, Rebecca Solnit, Jean-Louis Étienne, Olivier Bleys, Gaële de La Brosse, Frédéric Gros, David Le Breton et bien d'autres sont aussi passés par là, mesurant la terre et ce réseau sanguin que sont ses multiples chemins, posant sur eux un regard poétique, métaphysique, spirituel, ou les trois à la fois. Célébrer le monde lui donne sa forme, c'est toute la force de la littérature… et de cet élan qu'est la marche.

Je l'ai déjà dit, mais l'heureuse expression mérite d'être répétée : pour Giono, grand arpenteur d'éminences du côté du Contadour, « la marche est une affaire de style ». Nul plus qu'avec André Suarès, je n'en eus la confirmation. Ainsi, je ne me lasserai jamais de relire les pages si souveraines du *Voyage du condottière*[1], éloge absolu de la marche :

> La plaine. De toutes parts, la plaine et les eaux molles au cours flexible. La plaine aussi loin que l'on voit ; et l'on s'étonne de ne pas voir jusqu'à la mer. Au bord du ciel qui se courbe, vers le nord, les grandes montagnes se font de plus en plus humbles et lointaines. Ce n'est plus enfin qu'un trait bleu de vapeurs, une écharpe indécise, une fumée d'argent vert...

Oui, je reviens sans cesse à Suarès, génie ambulant chez qui le déploiement de la marche va de pair avec celui du verbe. Rarement j'ai ressenti pareille impression de plénitude dans le mouvement, dans la forme, la *maniera*, comme on le disait des peintres de la Renaissance qu'il aima tant. Ainsi, son arrivée à pied en Italie dans le *Voyage*… :

> J'ai laissé les Alpes dans la nuit. J'ai descendu les degrés d'une nature grise et noire. J'ai quitté un espace morne, hérissé de forêts malheureuses, pour une autre contrée, qui s'abaisse aimablement, qui

1. *André Suarès,* Le Voyage du condottière, op. cit.

s'offre et qui s'étale. Et le ciel n'est plus le même. Le gai matin a le réveil du coq. La lumière ne se lève pas : elle sort comme si elle s'était cachée ; elle arrive d'un bond, rayonnante et chaude. L'air vif appelle au jeu la matinée bleue et blonde. Tout était dur, roide, vertical. À présent, les formes prennent la molle aisance des courbes...

De la marche comme art martial…

« Mon pied droit est jaloux
de mon pied gauche.
Quand l'un avance, l'autre veut le dépasser.
Et moi, comme un imbécile, je marche… »
Raymond Devos

Je marche seul sur le *Camin roumieu*, une des multiples ramifications du chemin de Compostelle dans le grand Sud. Il serpente en lisière des vignes, dans ce Minervois saturé de soleil où mes chers Élisabeth Conesa et Alain Caillé m'hébergent pour quelques jours. La lumière rasante du soir caresse les vignes, y créant des ondulations qui ressemblent à des vagues. Maintenant que je suis chaud, tout va bien, mais ce matin, au moment de sortir : mal partout, dans le dos, les cuisses et jusqu'aux genoux, dégoupillés comme des grenades. Grands dieux ! Comme nous le serine la sagesse populaire : il faut que jeunesse se… tasse.

« Si jeunesse savait, si vieillesse pouvait. » Ce bon vieil adage que l'on rencontre sous toutes les latitudes, dans à peu près toutes les sagesses du monde, vaut d'ailleurs bien pour l'expérience de la marche. Je l'ai déjà évoqué, mais il est sûr que, l'âge et une certaine dose de maturité aidant, on ne marche pas plus et même parfois un peu moins, mais on marche mieux. On a, en tout cas, une meilleure connaissance de soi et de ses capacités, mais aussi des paysages, des terrains, des conditions mêmes de la marche.

À propos de ces différents temps de la marche dans une vie, qu'on me permette un instant de revenir à Nietzsche et à *Ainsi parlait Zarathoustra*. Sa célèbre parabole des trois métamorphoses me semble si bien convenir aux « trois âges de la marche » que je ne peux que l'évoquer ici :

> Je vais vous dire trois métamorphoses de l'esprit : comment l'esprit devient chameau, comment le chameau devient lion, et comment enfin le lion devient enfant.
>
> Il est maint fardeau pesant pour l'esprit, pour l'esprit patient et vigoureux en qui domine le respect : sa vigueur réclame le fardeau pesant, le plus pesant. Qu'y a-t-il de pesant ? Ainsi interroge l'esprit robuste ; et il s'agenouille comme le chameau et veut un bon chargement. [...] L'esprit robuste charge sur lui tous ces fardeaux pesants : tel le chameau qui sitôt chargé se hâte vers le désert, ainsi lui se hâte vers son désert. Mais au fond du désert le plus solitaire s'accomplit la

seconde métamorphose : ici l'esprit devient lion, il veut conquérir la liberté et être maître de son propre désert. [...] Quel est le grand dragon que l'esprit ne veut plus appeler ni dieu ni maître ? "Tu dois", s'appelle le grand dragon. Mais l'esprit du lion dit : "Je veux." [...] Créer des valeurs nouvelles – le lion même ne le peut pas encore : mais se rendre libre pour la création nouvelle –, c'est ce que peut la puissance du lion. [...] Il aimait jadis le "Tu dois" comme son bien le plus sacré : maintenant il lui faut trouver l'illusion et l'arbitraire, même dans ce bien le plus sacré, pour qu'il fasse, aux dépens de son amour, la conquête de la liberté : il faut un lion pour un pareil rapt. Mais, dites-moi, mes frères, que peut faire l'enfant que le lion ne pouvait faire ? Pourquoi faut-il que le lion ravisseur devienne enfant ? L'enfant est innocence et oubli, un renouveau et un jeu, une roue qui roule sur elle-même, un premier mouvement, une sainte affirmation. Oui, pour le jeu divin de la création, ô mes frères, il faut une sainte affirmation.

Sur le chemin sinueux de nos vies de marcheurs, cette évolution d'un âge à un autre me semble salutaire, essentielle. Si, au début de l'ascension, jeunes, mais ployant sous le poids de multiples conventions, asservis à maints clichés puérils et grégaires, nous sommes comme le chameau chargé de son bât, bénissant d'ailleurs les œillères qui réduisent notre champ de vision, il faut un jour que le lion s'éveille en nous et secoue sa crinière. L'avènement d'une certaine liberté est à ce prix. Pourtant, s'arrêter en si bon chemin – comme le font trop de nos congénères, confondant révolte et construction/ascension – ferait de nous des êtres enlisés en nous-mêmes, assignés à la stase quand nous nous croyons définitivement libres. Alors, oui, pour conquérir enfin la *liberté libre*, chère à Rimbaud, il faut (re)devenir enfant, c'est-à-dire « innocence et oubli », « renouveau et jeu », élan vers une « sainte affirmation » : « L'esprit veut maintenant sa *propre* volonté, celui qui a perdu le monde veut gagner son *propre* monde. » C'est bien dans ce troisième état – gagné de haute lutte et au fil de tant d'années, enfin libéré de nos trop humaines pesanteurs et touchant peut-être enfin à la grâce –, celui de l'enfant, capable d'émerveillement sans renoncer à sa clairvoyance, que tout marcheur touche à sa plénitude.

Art martial

La marche est un exercice complet, qui exige une certaine condition physique. Toutefois, comme le souligne Frédéric Gros :

> Marcher n'est pas un sport. Le sport c'est une question de techniques et de règles, de scores et de compétition, nécessitant tout un apprentissage : connaître les positions, incorporer les bons gestes. Et puis viennent, longtemps après, l'improvisation

et le talent. [...] Marcher n'est pas un sport, mettre un pied devant l'autre est un jeu d'enfant. [...] La marche, on n'a rien trouvé de mieux pour aller plus lentement[1].

Je ne puis qu'approuver ces mots. D'autant, je l'ai déjà dit, que la marche est pour moi la manière d'être avec soi la plus saine, la plus créatrice et la moins soumise au barnum mondialisé, à la mise en chiffres du monde. Hormis une bonne paire de chaussures – et encore..., on peut marcher avec une paire de tennis non « griffée ». Évidemment, je ne parle pas de Compostelle et des chemins de haut vol – la marche ne requiert pas d'équipement très spécifique, ni de très onéreux. Elle est l'élan naturel même qui ne s'embarrasse pas de superflu. C'est d'ailleurs pour cela, entre autres, que 56 % des Français la pratiquent, 46 % d'entre eux y sacrifiant au moins une fois par semaine, ce qui représente tout de même 12,5 millions de personnes. Pas toutes ensemble, ni sur le même chemin... Dieu merci !

Alors, si elle n'est pas un sport, la marche est-elle un art ? se demandent Rebecca Solnit[2] et Olivier Bleys[3] qui répondent par l'affirmative. Pour moi, ce serait plutôt un artisanat au sens de l'humilité qu'elle requiert avant tout. Oui, et si marcher était

1. *Frédéric Gros,* Marcher, une philosophie, op. cit.

2. *Rebecca Solnit,* L'Art de marcher, op. cit.

3. *Olivier Bleys,* L'Art de la marche, *Albin Michel, 2016.*

un « métier » ? Non bien sûr une activité professionnelle, mais une façon de marcher comme l'on polit un objet, patiemment, toute une vie, avec ces humbles outils que sont nos articulations, nos muscles, nos tendons, notre souffle. Les Grecs anciens n'étaient pas si sots qui désignaient d'un même mot art et artisanat : *tekhnè*. Cette idée d'un labeur répétitif, plus cousin de l'artisanat que de l'art, me semble en harmonie avec la marche et les millions de pas qui en sont le sceau, patient et résolu. Ou alors, la marche est un art de vivre. Une manière d'être dans le monde, face au monde, « un art tranquille du bonheur », comme le dit de son côté David Le Breton. En ce sens, elle serait donc plutôt une sagesse, une philosophie, ou même… un art martial…, mais un art martial interne…

Rappelons que les arts martiaux externes, comme le judo, le karaté, le ju-jitsu, le taekwondo, le kung-fu ou l'aïkido, s'ils sont aussi pétris de sagesse et de philosophie, dimension importante qui en fait justement des arts martiaux, mettent l'accent sur les techniques de combat. Pour leur part, les arts martiaux internes, dont le plus célèbre à travers le monde est sans doute le tai-chi-chuan[1], privilégient les dimensions spirituelles, mentales, et l'énergie. Si ces arts martiaux internes « s'opposent » formellement aux arts martiaux externes, ils n'en sont pas

---

1. *Il existe, bien sûr, d'autres arts martiaux internes (ou* neijia quan*) comme le* ba gua zhang, *le* xingyi quan *ou le* baji quan.

moins dynamiques, axés sur la maîtrise du corps, le mouvement, même lent, qui redéploie l'énergie, favorise le rythme respiratoire, la concentration et même la méditation. Exaltation du corps, mouvement, énergie, respiration, concentration, méditation... Cela ne ressemble-t-il pas à une récapitulation des vertus de la marche... ? Bien sûr, pour accéder au statut d'art martial interne au sens plein, il faudrait en passer, comme dans les grandes traditions asiatiques – souvent issues du taoïsme –, par un véritable apprentissage, un enseignement exigeant, une transmission par des maîtres et, *in fine*, une marche en pleine conscience du corps et de l'esprit. Je sais bien cela, mais l'analogie est belle...

Autre dimension que nous nous devons d'aborder : pour accéder au statut d'art, encore faudrait-il que la marche soit parfaitement inutile. Rappelons que ce principe de « non utilité » est le socle même de l'art, ce qui fait sa grandeur avant tout. Je crois à la marche non utilitaire, mais, bien sûr, pour les populations de cette planète, pendant des siècles, des millénaires, et même des centaines de milliers d'années, marcher fut chaque jour – et l'est toujours – un impératif. Pour se nourrir, aller chercher de l'eau, commercer, migrer vers des terres moins hostiles, sauver sa peau... Marcher était une condition même de la survie de l'Espèce. Il y a encore, de nos jours, une part importante de l'humanité, en Afrique, en Asie, en Amérique du Sud, pour qui la marche est *le* mode de locomotion dédié à l'activité quotidienne, tandis qu'en Occident, trop prennent leur voiture pour contourner un pâté de maisons ou même l'avion pour faire un saut de rainette. À ce propos, je me rappelle ce jour où, marchant au bord de la route qui longe le Pacifique en Californie, du côté de Laguna Niguel, je fus contrôlé par la police. Seul, j'étais seul, progressant sur cette route du bord de mer et ce marcheur solitaire avait intrigué deux flics, dans leur voiture blanc et noir – avec son beau gyrophare-rampe, comme dans les séries –, à qui je répondis en bon anglais mâtiné d'accent français. Un Français ! Un de ces Français, poètes fantaisistes à leurs heures, sans doute... C'était probablement un bon sésame puisque dans un large sourire (se voulait-il moqueur ?), ils laissèrent le dangereux fauteur de troubles que j'étais poursuivre son chemin...

Cet aspect non utilitaire de la marche, comme de toute création, de tout art digne de ce nom, est si bien exprimé dans la préface de son roman *Mademoiselle de Maupin*, par le bon « Théo » Gautier – grand marcheur autant que grand voyageur –, que je ne résiste pas à en citer un passage. Cette préface-manifeste, je la relis souvent et n'en retranche toujours rien :

> Je sais qu'il y en a qui préfèrent les moulins aux églises, et le pain du corps à celui de l'âme. À ceux-là, je n'ai rien à leur dire. Ils méritent d'être économistes dans ce monde, et aussi dans l'autre. Y a-t-il quelque chose d'absolument utile sur cette terre et dans cette vie où nous sommes ? [...] Rien de ce qui est beau n'est indispensable à la vie. On

> supprimerait les fleurs, le monde n'en souffrirait pas matériellement ; qui voudrait cependant qu'il n'y eût plus de fleurs ? Je renoncerais plutôt aux pommes de terre qu'aux roses, et je crois qu'il n'y a qu'un utilitaire au monde capable d'arracher une plate-bande de tulipes pour y planter des choux. [...] À quoi bon la musique ? À quoi bon la peinture ? Qui aurait la folie de préférer Mozart à M. Carrel, et Michel-Ange à l'inventeur de la moutarde blanche ? Il n'y a de vraiment beau que ce qui ne peut servir à rien. [...] L'endroit le plus utile d'une maison, ce sont les latrines...

Toutefois, la marche, lorsqu'elle n'est pas frappée du sceau de l'utilité – et même de l'utilité vitale –, c'est-à-dire lorsqu'elle est la plus belle, en quête des beautés du monde, de son infinie profondeur de champ, reste une sorte de luxe, il ne faut jamais l'oublier.

D'ailleurs, il y a marche et marche... et que la marche déroge à l'utile et se pare même d'un peu d'humour et de folie ne me dérange pas, bien au contraire. Dégonfler la baudruche de certaines parades d'Hercule – vous savez ?, ceux qui à tout propos font saillir leurs muscles, ceux qui ont « tout vu, tout fait »... – ne fera jamais de mal. D'ailleurs, déjà, Thomas d'Aquin, parlant de l'*eutrapélie* – qui est la disposition à la plaisanterie, à la repartie pleine d'esprit –, nous prévenait :

Il est contraire à la raison d'être un poids pour autrui, de n'offrir aucun agrément et d'empêcher son prochain de se réjouir... Ceux qui refusent de se distraire, qui ne racontent jamais de plaisanteries et rebutent ceux qui en disent, ceux-là sont vicieux, pénibles et mal élevés.

Ainsi, ai-je encore ces mots en tête de la calamiteuse arrivée à Venise de ce flâneur d'Henri Calet. On s'attend certes toujours à mieux lorsque l'on aborde les pontons de ce joyau tant rêvé… :

Au moment de débarquer, mon ami a eu une altercation avec un marinier. J'ai cru comprendre qu'il avait égaré nos billets. [...] Ma valise m'embarrassait. Je continuais à marcher dans un état d'ahurissement peu propice au développement des grandes émotions esthétiques[1]...

Oui, de ces postures qui fleurent parfois l'esprit de sérieux, j'aime aussi ce contrepoint bardé d'humour, comme celui d'un Bouvier, d'un Tesson, ou d'un Stevenson – on l'a déjà évoqué – aux prises avec la récalcitrante Modestine, ânesse bruyante qui lui causa bien du souci... Ou plus récemment d'un Pierre Jourde dans *Le Tibet sans peine*[2]. Dans cette épopée lyrico-clownesque – tirée d'une

1. *Henri Calet,* L'Italie à la paresseuse, *Le Dilettante, 1990.*
2. *Pierre Jourde,* Le Tibet sans peine, *Gallimard, « Folio », 2010.*

expérience vécue à trois reprises et qui aurait pu tourner au drame –, trois pieds nickelés, dont l'auteur, se mirent en tête de « faire » l'Himalaya (ou du moins le Zanskar, ce « pays qui compte plus de montées que de descentes... », réputé pour ses *treks*) avec autant de préparation qu'un cancre pour le brevet des collèges. J'ai tellement ri qu'en en parlant à l'auteur, j'en riais encore. Jourde, volontiers adepte de l'ironie et de l'autodérision, n'annonce-t-il pas clairement la couleur ? « Difficile d'adopter la posture du héros quand le mouvement qui pourrait conduire à la mort est aussi celui de l'auguste titubant dans ses chaussures trop grandes. » Manque de préparation, manque de vivres, manque de matériel adapté, à commencer par de pauvres chaussures qui expirent au bout d'une semaine, les trois augustes auront connu de la marche le meilleur des rencontres et de l'hospitalité, d'ébouriffants paysages, mais aussi le pire : le froid, la crasse, la faim et même la cécité des neiges (photokératite) pour l'un d'entre eux, heureusement sauvé par un masque en carton... Oui, décidément, pour moi, la marche est comme la vie : une chose sérieuse qui doit à tout prix échapper à l'esprit de sérieux.

Un plus vaste que soi

Tôt dans l'existence, tout épris de savoir que l'on soit, comme Montaigne dans sa *librairie*, cette fameuse tour ronde où il avait aménagé son bureau, on se rend compte qu'on ne « saura » jamais tout (et tant mieux). Pour autant, la passion d'apprendre étant toujours là, nous travaillant de l'intérieur comme un divin brandon, on se lance dans une course folle. C'est alors que commence le tri, art lent et patient, qui consiste à ne plus se laisser happer par le rien qui tyrannise impunément ce monde, par tout ce qui ne nous grandit pas, ne nous élève pas. Il y a, pour moi, quelque chose de cet ordre dans la marche, dans cette quête obstinée d'un plus vaste, d'un plus grand que soi. Exhaussement de soi dans un monde mû par la passion, l'appel du grand large. « Toute âme qui s'élève élève le monde », a dit Gandhi, et d'autres avant lui…

Quête d'un plus vaste que soi, quête de soi et de sa genèse, et donc de la mémoire. Le meilleur synonyme au mot roman que je connaisse est… mémoire. *Idem* pour la marche. Marcher, c'est exalter sa mémoire, en faire la commensale d'un festin intime :

> À chaque foulée, où que l'on aille, note ainsi Calet (revenu de Venise...), on fait lever une poussière de souvenirs sur ces trottoirs que l'on a usés. Je ne puis faire deux pas sans me rencontrer, je retrouve mon image dans ces murs témoins qui sont comme des glaces déformantes où je me vois petit, grand, mince, pâle, drôlement attifé, sans jamais rire, avec des mines de fuyard. Et je me prends en filature à travers les ans et les rues. Je vadrouille autour de mon passé, j'en ramasse,

ici et là, de menus morceaux, il en traîne un peu partout, je tâche à le reconstituer, comme si on pouvait exister une fois de plus...

Existe-t-on plus, est-on plus grand quand on marche ? Sûrement, un peu. Va-t-on aussi, en marchant, vers ce point Oméga que Teilhard de Chardin appelait tant de ses vœux, lui qui arpenta tous les chemins de cette planète en marchant « très en dehors » (les pieds à la « dix heures dix », signe atavique des montagnards, disait-il) ? Y a-t-il un sens – dans le sens géographique, topographique même, du mot – à nos vies ? Ou ne sommes-nous qu'errances pathétiques et sans fin ?

La devise de Charles de Foucauld était « jamais arrière ». Comme marcheur, je pourrais la faire mienne tant, depuis toujours, un toujours que je daterais de l'enfance, je répugne à revenir sur mes pas. Même dans un trajet urbain tout ce qu'il y a de plus banal, je chercherai toujours à éviter ce rebrousse-chemin qui prend, chez moi, l'allure d'un rebrousse-poil. Revenir sur mes pas me procure la sensation d'une régression à quoi j'essaie d'échapper par tous les moyens, quitte à allonger le chemin du retour. D'où me vient cette répugnance à remettre mes pas dans mes propres pas ? Je ne sais. Un psychanalyste y verrait un symptôme tout à fait patent, une névrose de plus dans cette époque où elles fleurissent comme des colchiques à l'automne. Mais laissons les psychanalystes dans leur cabinet et les névroses dans leur étui.

Dans le registre de la grande marche humaine, erre depuis toujours dans ma mémoire ce passage où Nietzsche, encore, évoque ceux qui précèdent le troupeau ; les plus nombreux qui sont au cœur du troupeau ; et ceux qui s'en tiennent à l'écart. N'ayant jamais cru au pouvoir – du moins dans l'acception simpliste que l'on donne souvent à ce mot –, me défiant du grégarisme comme du choléra, c'est parmi ces derniers que je me sens le mieux. Oh, nulle prétention dans ce choix. Pas même une vocation de rebelle de pacotille comme il en fleurit tant, mais une simple accointance métabolique. Être un peu à l'écart, sur des sentiers moins balisés, ou, en tout cas, faire un pas de côté pour observer ce monde avec la force de l'oblique, m'a toujours paru relever d'une obligation morale. Mais, comme le souligne Nietzsche, il arrive que ce pas de côté se paie cher :

> Veux-tu, mon frère, aller dans l'isolement ? Veux-tu chercher le chemin qui mène à toi-même ? Hésite encore un peu et écoute-moi. Qui cherche, se perd facilement lui-même. Tout isolement est une faute : ainsi parle le troupeau. Et longtemps tu as fait partie du troupeau. En toi aussi la voix du troupeau résonnera encore. Et lorsque tu diras : "Ma conscience n'est plus la même que la vôtre", ce sera plainte et douleur[1].

---

1. *Dans* Ainsi parlait Zarathoustra, op. cit.

« Ne pas en revenir ! », l'expression est belle et l'on en a un brin oublié le sens. On est allé vers une telle émotion esthétique ; un moment, un lieu viennent à ce point rémunérer notre quête pour y parvenir que l'on n'a plus envie d'en revenir. J'ai éprouvé, parfois, ce type de rencontre avec un paysage, un lieu face auxquels s'exaltent nos sens dans une sorte d'hyperesthésie. Comme pour mieux étayer ce genre d'expériences, on les vit généralement dans des lieux qui, à force de provoquer l'ébahissement du chaland (pour moi : Venise, la Toscane du côté de Sienne, les grands lacs italiens, le site d'Ankgor au Cambodge, la Sicile, certains paysages de Bretagne – à commencer par les Côtes-d'Armor de mes aïeux – ou du Massif central...), en deviennent presque des clichés. L'écrivain André Fraigneau n'exprimait-il pas parfaitement ce mécanisme mental lorsqu'il déplorait que « les lieux hors du commun deviennent très vite des lieux communs[1] » ?

« Il était revenu de tout, sans doute pour n'y être jamais allé... », pourrait-on dire d'un être blasé. Rien de plus désastreux que cette banalisation qui, de fait, renvoie *Homo sapiens* à sa condition. Où que nous allions, ce ne sera jamais que nous-même que nous finirons par trouver... Marcher, c'est par essence dire, par la mise en mode ambulatoire, que l'on n'est pas blasé, qu'il y a toujours quelque chose

1. *André Fraigneau,* Les Enfants de Venise, *Arléa, 1988.*

qui nous attire, nous attend derrière telle colline toscane, telle crête alpine ou telle échancrure de la côte bretonne. Comme nous y exhorte Béatrice Commengé dans un livre-éloge[1] du nomadisme esthétique, il faut « voyager vers des noms magnifiques », des lieux magnifiques, des visages magnifiques, pour, justement, ne pas en revenir, se laisser capturer par eux, par ce que l'on pourrait appeler la grâce. Ces « noms magnifiques » – Dubrovnik, Stresa, Portofino, Istanbul, Singapour, Pompéi, Sienne, Séville, Alicante, Ljubljana, Bangkok… – qui me faisaient rêver lorsque j'étais enfant, j'ai fini par les toucher du doigt. Enfin, surtout du pied…

Firmitas

J'aime beaucoup cette histoire dont je veux croire qu'elle n'est pas apocryphe : Maurice Utrillo, Parigot estampillé, fils de Montmartre et de Suzanne Valadon, dont la santé vacille au gré de lourdes crises d'alcoolisme, est en convalescence dans une belle maison du bord de la Méditerranée. Il n'a pas peint depuis des mois et, pour l'inciter à reprendre son labeur, on lui apporte un chevalet, on le plante dans le jardin face à la mer, on lui offre toutes les couleurs du spectre, les meilleures toiles, les meilleurs pinceaux. Plusieurs jours passent sans que rien ne le décide à œuvrer. Et puis, un matin,

---

1. *Béatrice Commengé,* Voyager vers des noms magnifiques, *Finitude, 2009.*

on le voit s'activer sur la toile comme s'il puisait une inspiration frénétique dans la mer, sublime, qu'il a sous les yeux. On le laisse faire, on respecte sa solitude de créateur retrouvé, mais au bout de quelques jours, la curiosité prenant le dessus, on s'approche de la toile où le peintre a, enfin, projeté le fruit de son travail et, là, c'est la stupeur : au mépris du motif qu'il a devant les yeux, le sujet est une rue de Paris, de celles qu'il ne cessera jamais de peindre jusqu'à la fin de sa vie… Il en va de même, je le crois, pour le voyage, la marche. Où que l'on aille, ce n'est jamais que son propre paysage intérieur que l'on emporte avec soi, ce n'est jamais que soi…

Le fait de marcher relève aussi de l'élan architectural. Faire un pas après l'autre, s'engager dans une quête de soi, mais surtout d'un plus loin que soi, d'un plus grand que soi, c'est déjà s'engager dans un processus de construction mentale qui nous identifie au bâtisseur. Ainsi, évoquerai-je ce texte qui reste un des piliers de la pensée édifiante (ou bâtisseuse) de tous les temps et a influencé jusqu'à Léonard de Vinci ou Michel-Ange : *De architectura*, du grand architecte romain Vitruve[1]. Ainsi, cette distinction fondamentale qu'il faisait entre *utilitas, venustas* et *firmitas* a-t-elle pris pour moi au fil des années une importance croissante. Tout

---

1. Marcus Vitruvius Pollio (vers 80 avant J.-C.–vers 15 avant J.-C.), ami de l'empereur Auguste et de son proche conseiller Marcus Agrippa.

édifice, dit-il (aussi bien la basilique Saint-Pierre de Rome, la tour Eiffel que le temple d'Angkor Wat), répond à trois impératifs : l'*utilitas*, l'utilité, ce à quoi on le destine en tant que tel ; la *venustas*, sa beauté, son esthétique, propre à frapper les esprits, à les émouvoir aussi ; et la *firmitas*, la plus importante des trois : la dimension métaphysique, et, plus encore, spirituelle, sacrée, qui fait que tel édifice est une construction de l'âme et de l'esprit davantage qu'une agrégation de pierres, de verre ou de métal. Cet impératif absolu de « densité », de puissance à être *là*, pourrait-on dire, est ce qui fait que tel monument existe au sens le plus fort et que, de cette vie accomplie, il nourrit nos propres vies, les élève.

Il en va de même pour la marche. C'est entendu, elle est précieuse pour la santé, pour la préservation de nos organes, de notre corps, et même de nos capacités cérébrales. Elle est, surtout, une célébration de la beauté, de cette grâce qu'est la beauté dans ce monde et dont Dostoïevski veut croire qu'elle nous sauvera. Que la marche soit agraire ou urbaine, la beauté qui en est le sceau nous meut et nous émeut. Elle est ce qui transfigure le décor, en fait un écrin pour les sens. Mais, par-dessus tout, la *firmitas* est ce qui la transcende, en fait un vrai chemin, une quête, un au-delà de soi. Pour continuer de filer cette métaphore et en revenir à Suarès, ne fut-il pas dans son génie du verbe une sorte de géographe-architecte du monde ? Et d'apporter, lui-même sur-le-champ, la réponse à cette interrogation : « Je le sens trop, je voyage en architecte et je n'aime que les chefs-d'œuvre... »

Exhumée par Laurent Maréchaux[1], une lettre en date du 10 janvier 1945, de Nicolas Bouvier – né, seize ans plus tôt, dans une grande famille protestante de Genève – pose la question fondamentale de la « vocation » : « Je suis un pauvre type qui cherche, qui cherche, écrit-il, et qui trouvera (il en est sûr)... [...] un art (il ne sait pas trop lequel), il aimerait que ce fût celui de la VIE... » On sait que cet art, s'imposant à lui peu à peu, sera l'union de la littérature et du voyage, mâtinée de marches sans fin dans le Grand Nord, en Asie Mineure, en Inde et jusqu'au Japon tant rêvé. Alors, oui, et si, tout simplement, la marche était l'art de la vie ? Et, plus encore, comme il avait pris le soin de l'écrire, de la VIE majuscule ?

1. *Laurent Maréchaux,* Écrivains voyageurs, *Arthaud-Poche, 2017.*

Pour boucler le chemin

« La meilleure façon de marcher
C'est encore la nôtre !
C'est de mettre un pied d'vant l'autre
Et d'recommencer ! »

RETOUR DANS LA VALLÉE du Loir.

Un vent à affoler un moine zen et des couleurs ivres tirées d'une toile hollandaise. Des salves de lumière fusent au-dessus des champs. En ce milieu du mois de mai, le jaune dominant du colza les a déjà désertés et c'est un vert opulent, gras, presque soyeux qui a inondé le plateau, teint l'échine chevelue du coteau.

On l'aura bien compris à la lecture de ce livre : les « assis » m'ennuient, ceux qui courent me fatiguent[1], j'aime ceux qui marchent.

---

1. *Il y a, évidemment, parmi ces « coureurs » patentés des êtres que j'aime et estime (notamment des marathoniens...).*

La marche étant une mise en mouvement plus encore de l'âme et de l'esprit que du corps, elle est une structure intellectuelle, morale et spirituelle, propre à ouvrir encore notre « éventail cortical », nous permettant de nous structurer, de valider le principe – moral plus que postural – de notre station debout ; de bâtir un chemin là où un sens est promis à celui qui le cherche. La marche comme liberté, gratuité, oui, bien sûr, mais aussi élan « téléologique », chemin vers un but précis, vers l'autre ou un *ailleurs* qui nous appelle.

« Qu'est-ce que l'homme ? » se demande-t-on dans le *Talmud*, et de répondre illico : « L'Homme est qu'est-ce que… » L'Homme est pourquoi. On l'a compris depuis longtemps, l'Homme n'est pas réponse, mais question. L'Homme est pourquoi, un éternel pourquoi. C'est pourquoi, justement, comme Pascal – dont les *Pensées* ont si souvent garni mes poches pendant mes voyages –, je ne puis approuver que ceux qui cherchent. « Qui s'arrête se trompe », semble dire en écho le fameux adage zen. De fait, l'enkystement, mais plus encore l'enlisement, ont-ils toujours été une hantise pour moi, devant ce monde trop volontiers épris d'immobilisme, dans l'illusion du faux mouvement.

« Hamster, n. m : petits rongeurs de la famille des *Cricetidae* qui forment la sous-famille des *Cricetinae.* » Ce petit animal naïf est en pleine

---

Qu'ils se rassurent, je ne pratique ni l'exclusion ni la généralisation hâtive…

expansion sur cette terre et sa parenté avec l'Homme est patente. La roue installée dans sa cage lui donne tellement l'illusion du mouvement qu'il est persuadé d'être en vie. Ainsi, m'ont toujours fait sourire ces *joggers/runners* (on ne sait plus comment les appeler) qui, dans nos belles métropoles, attendant que le feu passe au rouge, continuent de courir en faisant du surplace pour ne pas refroidir leurs petits muscles... Il y a beaucoup de l'époque dans ce... surplace en mouvement.

Ce qu'il y a de bien avec la marche – fût-ce la plus domestique, celle du coin de la rue –, c'est qu'elle ne ment pas. Sur le chemin que nous empruntons, quoi que l'on fasse, on ne sera jamais que ce que l'on est, que ce que l'on emporte avec soi, de soi... La vraie rencontre, c'est quand le paysage extérieur vient faire écho au paysage intérieur. Lorsque l'impression d'un déjà-vu s'insinue au plus profond de nous et donne un éclat neuf aux sensations qui y somnolaient. On le sait bien, la grande leçon de ce monde, de cette vie, est que rien n'y dure. Rien ne survit à l'usure du temps et des êtres. Après ? Peut-être... *Homo viator*. De toute éternité, cette créature itinérante précède ou, le plus souvent, suit humblement son destin, trop souvent distancée par lui.

« Va, fou, mets-toi en marche avec toute ta vie », nous lance Lanza del Vasto, marcheur exemplaire, inspiré par le Christ et Gandhi. Comme lui, aux braiments spectaculaires et trop souvent idéologiques, je préfère les insurrections de l'âme, plus discrètes, mais aussi plus profondes, de celles qui projettent vers un plus haut, relevant de la foi en l'Homme ou en Dieu, ce qui revient presque au même. De même qu'aux bruyantes autoroutes de la « pensée », je préférerai toujours les chemins escarpés. *Ad augusta per angusta*, fière devise de marcheur…

Mélancolie de la marche…

Si les maux du corps ont le mérite de nous rappeler aux réalités du monde et de nous obliger à les surmonter, la mélancolie, c'est une autre paire de manches. Je ne dis pas la tristesse, qui a ses déclencheurs le plus souvent identifiables, mais la mélancolie. Elle est, chez moi, comme le barbet noir que le *Faust* de Goethe voit s'approcher lentement, décrivant des cercles concentriques de plus en plus petits et qui n'est autre que Méphisto lui-même… D'expérience, je sais que marcher est le plus sûr moyen de semer ses *chiens noirs*. Comme le note Jacques Arnaud dans *La Convergence des pôles, road novel* fort réussi et éloge de la marche, où un médecin traverse l'Europe à pied pour finir au Groenland, après la mort tragique des êtres qui lui étaient les plus chers :

> La marche comme remède. Recommencer à compter ses respirations et ses foulées. Ne plus penser du tout reste difficile. Sa rage, attisée par le sentiment de sa culpabilité, de son impuissance

à sauver des vies, l'aide à marcher vite, à moins sentir la fatigue[1]...

Ce qui m'effraie le plus ? Non pas cette mélancolie, donc, compagne intermittente, devenue familière, mais paradoxalement riche d'élans créateurs. Non, ce qui m'effraie le plus, c'est la mort que je vois à l'œuvre dans ce monde. Non pas la mort physique – ce simple passage vers autre chose si l'on croit ou le néant si l'on ne croit pas –, mais la mort morale, spirituelle, celle qui fait de trop nombreux êtres des cadavres anthumes, celle dont nous ne sommes pas nous-mêmes à l'abri et que les moines appellent acédie : l'à quoi bon ?, le déni du sacré, la régression narcissique, l'accroupissement satisfait, la paresse abyssale, renoncement à ce qu'il y aurait de grand en nous ; à la vie, en somme. Alors, oui, la marche, ne serait-elle qu'un pâle embryon de révolte face à tout cela, est déjà une mise en mouvement, une affirmation que l'on est vivant.

Évoquant cette paresse si consubstantielle à l'Espèce, et dont nous ne sommes jamais à l'abri, me reviennent quelques lignes des *Considérations inactuelles*[2]. On y trouve cette scène édifiante d'un grand voyageur, accueilli à une table prestigieuse de la ville. La conversation va bon train, on rivalise de

---

1. *Jacques Arnaud,* La Convergence des pôles, *De Borée, 2021.*

2. *Friedrich Nietzsche,* Considérations inactuelles, *1873.*

civilité et d'esprit, et à un moment fuse la question longtemps retenue :

Pour vous, qui avez vu beaucoup de pays et de peuples et visité plusieurs parties du monde, quel est le caractère général que vous avez retrouvé chez tous les hommes ?

Le voyageur sourit, se lisse doucement la barbe – en admettant qu'il en eût une... – et répond dans un souffle :

— La paresse...

Tout est dit de cette propension naturelle qu'ont les humains à se satisfaire d'eux-mêmes, à s'arrêter au bord du chemin pour contempler la route à faire, plutôt que de continuer à marcher. Le plus grave est qu'il ne s'agit pas tant d'une paresse physique – il est encore beaucoup de monde sur cette planète pour s'agiter en tous sens – que d'une paresse intellectuelle et morale, celle qui fige tout.

Marche et désert

Il y a, dans les rêves de beaucoup, une place à part réservée au désert. Il en existe un, fait d'ergs et de regs, de contrées arides et de soleil brûlant. Je n'en ai eu qu'une faible expérience, au Maroc et du côté des Émirats. Pas assez pour jouer à celui qui sait. Charles de Foucauld, Isabelle Eberhardt ou Théodore Monod étaient d'une autre trempe. Charles Eugène de Foucauld de Pontbriand, officier noceur, habitué des lupanars de Saumur, où il est en garnison, libertin ayant abandonné sa foi, renoue avec elle et se voue dans le désert à ce credo que « c'est dans la solitude que Dieu se donne tout entier ». Avant et après avoir scellé des noces avec la pauvreté, il aura exploré le Haut Atlas et le Sud marocain, marché en Terre sainte, jusqu'à Nazareth, dans le Sud algérien, sera passé par Notre-Dame-des-Neiges (Ardèche), la trappe cistercienne d'Akbès en Syrie, Béni Abbès, pour finalement s'établir dans un « ermitage » sur le plateau de l'Assekrem dans le massif du Hoggar, retraite spirituelle loin de la rumeur du monde. Le moins que l'on puisse dire est qu'il aura eu la bougeotte, accomplissant des milliers de kilomètres à pied dans sa quête perpétuelle de silence et de paix. Sa course s'arrête net, en décembre 1916, en pays Touareg, dans son fortin de Tamanrasset où il est assassiné. Il a été canonisé en 2022…

Naturaliste, philosophe, théologien, Théodore Monod vécut plus longtemps puisqu'il atteignit l'âge raisonnable de quatre-vingt-dix-huit ans… Cet autre grand arpenteur du désert, qui fit un jour 900 kilomètres dans les sables sans un seul point d'eau, ne cessa lui aussi de chercher sa voie spirituelle, égrenant quotidiennement *Les Béatitudes*, se faisant le héraut d'une écologie de terrain, à hauteur d'homme.

Et puis, il y a le désert cher aux jansénistes, aux trappistes, aux chartreux, et autres adeptes de la marche et du retrait. Je ne parle évidemment plus du désert de Gobi, du Sinaï ou du Sahara, mais d'un désert mental, spirituel, où l'on fait retraite. Où l'être humain se retrouve vraiment dans sa plénitude d'être humain, sans le fardeau de ses passions, celles qui, sculptées dans le bloc écrasant de la matière, finissent par l'anéantir. Les chartreux, disciples de saint Bruno, hôtes du « désert de Chartreuse », n'appelaient-ils pas leurs martyrs « fleurs de désert » ? Une forme de marche m'a, d'ailleurs, toujours fasciné : le fameux spaciement des chartreux. Du latin *spaciamentum*, il s'agit de la promenade hebdomadaire[1] de la communauté, hors de la clôture monastique. D'une durée d'environ trois heures, très réglementée depuis le XVIIe siècle, elle requiert des frères qu'ils se répartissent en catégories selon leurs capacités, mais exige aussi d'eux, à échéance régulière, qu'ils rompent les rangs pour rejoindre un autre groupe, permettant ainsi à chacun d'échanger avec tous, les plus jeunes avec les plus âgés, modèle d'« agora » ambulatoire, s'il en est.

Mais les jansénistes avaient aussi leur désert. Un ancien monastère abandonné de la vallée de Chevreuse, où l'on venait le plus souvent à pied : véritable « désert » à six lieues de Paris. On n'en dira pas plus de la célèbre solitude de Port-Royal qui vit passer les plus grands de Pascal à Racine. Quant aux cisterciens de la stricte observance, la

1. *Il existe aussi des spaciements « prolongés » permis lors des grandes fêtes liturgiques et un grand spaciement annuel qui, outre la clôture, peut dépasser les limites du « désert monastique ».*

réforme, au XVIIe siècle, par l'abbé de Rancé de leur désert de Soligny, fut une nouvelle aube. Aube qui se poursuivit un peu partout, à commencer par l'abbaye Notre-Dame de La Trappe, protégée par ses grands étangs poissonneux au bord desquels il fait bon marcher. Les hésychastes[1] déjà – les bien nommés pères neptiques – étaient adeptes du désert. Ils appelaient *nepsis* cette vigilance de l'âme à laquelle on parvient à force d'ascèse, de méditation et de silence. Cette « vigilance », c'est en marchant que j'ai eu le plus l'impression de l'atteindre, parfois… Impression fugitive.

Il y a, je l'ai dit, une épiphanie de la marche. Une merveilleuse épiphanie de la mémoire se produit aussi dans son sillage, d'où peut-être le fait que les plus belles nostalgies que je puis éprouver sont souvent liées aux chemins qu'elle m'a fait prendre. Quant à l'ivresse de la marche, elle semble une évidence pour ceux qui en sont familiers. Un certain nombre d'auteurs le savent pour avoir, comme moi, pratiqué les deux : il y a une ivresse de la marche comme il y a une ivresse d'écrire. Combien de fois, par exemple, m'est-il arrivé, sortant d'une plage d'écriture de plusieurs heures dans l'arrière-salle d'un café, d'en sortir en titubant, encore gris de cette douce exaltation que l'inspiration procure, certains pouvant croire, comme le disent les poètes

1. *Ermite adepte du retrait du monde afin d'« être en paix, de garder le silence », disciple d'une très ancienne tradition spirituelle orthodoxe.*

de comptoir, que je n'avais pas sucé que de la glace. Or, il n'en était rien. Jamais pendant que j'écris... Il m'est arrivé d'éprouver la même sensation à la fin d'une longue marche, grisé que j'étais par tant de paysages, tant de pas alignés, tant d'oxygène aspiré, tant d'idées vagabondes entrées par effraction dans un cerveau pourtant consentant. Isabelle Eberhardt, amante inspirée du Sahara et de son décor sublunaire, a de bien jolies pages sur ce thème :

> Dans la griserie de l'heure présente, j'oubliais tout et surtout l'avenir. Ou plutôt cet avenir m'apparaissait comme une continuation indéfinie du présent... C'était une ivresse sans fin. Tantôt l'ivresse de mon âme dans ce pays merveilleux, sous ce soleil unique et les envolées sublimes de la pensée vers les régions calmes de la spéculation, tantôt les douces extases toujours mêlées à de la mélancolie, les extases de l'art, cette quintessentielle et mystérieuse jouissance des jouissances[1].

Ivresse de la marche, mystique de la marche. Pourtant, quand je vois la manière qu'ont beaucoup de voyager, lestés d'énormes valises, de sacs en tout genre, croulant sous le poids de l'inutilité, je suis plutôt sceptique. Je ne me pose en rien en donneur de leçons, mais se délester, le plus possible, est un impératif pour tout vrai marcheur

1. *Dans* Amours nomades, *Gallimard, « Folio », 2008.*

et tout vrai voyageur. Ce fut pour moi un apprentissage, une manière, peut-être, de dire au monde que je ne voulais pas y « peser » ou en tout cas pas de la manière dont beaucoup voudraient le faire. Y laisser un humble paraphe par quelques écrits, de belles amitiés, un brin d'amour et de bénévolence, voilà qui constitue déjà un programme chargé, le reste étant d'urgence à remiser au magasin des accessoires. Inscrire son nom dans l'« Histoire » avec la pathétique opiniâtreté du tâcheron n'étant pas une option, j'ai toujours préféré ce que Tesson appelle les « chemins noirs[1] » : « Certains hommes espéraient entrer dans l'Histoire, écrit-il. Nous étions quelques-uns à préférer disparaître dans la géographie. » Il est vrai qu'il excelle dans cette disparition prônée par Épicure (« Cache ta vie »), suivie de récurrentes réapparitions-assomptions éditoriales. Et de poursuivre :

> Nous serions de grandes troupes sur ces contre-allées car nous étions nombreux à développer une allergie aux illusions virtuelles. Les sommations de l'époque nous fatiguaient : *Enjoy ! Take care ! Be safe ! Be connected !*

Certes, si je partage largement sa philosophie des chemins, je ne puis me targuer que de faits d'armes moins amples sur les chemins du monde ; cela dit,

1. *Sylvain Tesson,* Sur les chemins noirs, *Paris, Gallimard, « Folio », 2019.*

sans ironie aucune, tant me plaisent son goût de la liberté et une certaine inaptitude à s'inféoder dans laquelle je me reconnais.

La marche a-t-elle ses limites ? Oui, bien sûr, celles que nous impose notre corps, mais aussi nos bornes mentales, voire morales. Ainsi, une ancienne croyance interdisait-elle aux empereurs romains, sous peine d'être foudroyés, de dépasser dans leurs campagnes ce point ultime qu'était la ville de Ctésiphon, sur la rive gauche du Tigre, en plein royaume parthe. Cela arriva apparemment au bien éphémère Carus qui ne régna qu'une année entre 282 et 283. Combien y a-t-il de Ctésiphon dans nos vies ? De régions interdites ou d'assignations de l'esprit ? De ces lignes ultimes au-delà desquelles nous nous interdisons de marcher ?

Pour redevenir plus léger, délesté, allais-je écrire un mot d'humeur sur les valises à roulettes. Elles pullulent dans les gares, les aéroports, armée bruyante et moutonnière, faisant barrage à nos propres routes. Passe encore quand celles qui les traînent sont des mamies d'âge canonique, mais lorsqu'il s'agit de jeunes ou, pire, de cadres costumés, hauts comme des basketteurs, j'ai un peu de mal à réprimer un regard de commisération. Moi qui ne voyage qu'avec un sac à dos, formidable gage de liberté dans le mouvement et le déplacement, y compris urbain, il faudrait me payer cher pour traîner ce boulet ambulant. Mais, trêve de plaisanterie, je l'ai dit, je ne suis pas adepte non plus de ces énormes sacs qui vous bousillent les épaules et le dos, aussi ai-je institué pour moi une règle de chartreux : emporter toujours le minimum (je peux compter sur quatre sacs à dos de tailles différentes au gré de mes besoins, urbains ou mixtes, l'un des quatre étant plus rustique et plus gros…). D'ailleurs, qu'on me le dise : qu'est-ce qui peut bien peser lourd dans un sac à part des livres ?

Aussi, dans le sac du marcheur ne doit être emporté que l'essentiel. La marche, pour moi, est une ascèse dans le sens le plus strict du mot. La marche, « art » du détachement, oui, de cette capacité à donner une forme au monde en s'en distanciant. En faisant ce fameux pas de côté qui revient à le voir mieux et non plus comme on aimerait trop qu'on le voie.

La marche comme école de détachement, d'affranchissement. On largue les amarres. La marche, art du délestage, de l'allègement. Délestage physique, matériel, mais aussi moral : se déprendre de soi. Laisser le pire au bord du chemin, ne garder que le meilleur, de soi, en soi. Ainsi, dans ce monde, n'est-ce pas la peur du vide qui m'étreint, mais de ce trop-plein de rien qui signe si bien notre temps, cette accumulation du rien dans nos vies : tyrannie du divertissement, des images infantiles, des apparences fugaces, de l'obscène contentement de soi, de tout ce qui nous tue chaque jour.

« On naît multiple et on finit un », a écrit Paul Valéry. Oui, mais lequel ? aurait-on envie de plaisanter… Marcher, au fond et dans tous les sens du mot, c'est tendre vers cet unique qui sommeille en nous et nous somme de choisir. Le mot est profond. Ce n'est pas un hasard si le même Valéry fait dire à son M. Teste, esprit très supérieur : « Ôtez tout que j'y voie ! » Oui, ôtez tout ! serait-on tenté de hurler aujourd'hui devant l'ensevelissement à l'œuvre, cette accumulation d'accessoire(s), quand l'essentiel est caché par de multiples écrans ou le voile persistant de l'illusion : la *Maya*, comme la nomment les bouddhistes. La liberté n'est évidemment ni dans la rétention, ni dans la possession, non. Ou alors la possession de soi. S'il est une chose que je redoute, en marcheur dans l'âme, c'est non pas l'austérité, la blancheur aveuglante du silence et du vide, mais au contraire l'accumulation, la possession, ce trop-plein de *vide matériel* qui nous menace d'ensevelissement. Sans doute y a-t-il toujours chez moi, ce fond ascétique, ou aux lisières de la mystique, qu'en lecteur de Jean de la Croix, de Hildegarde de Bingen ou de Maître Eckhart, je ne saurais nier. À ce titre, cette lente, patiente transmutation du multiple en un, ressemble de près à cet allègement vital qui devrait animer tout être humain. S'alléger de soi, de ce qui nous alourdit, alourdit nos pensées et jusqu'à nos âmes. « La pesanteur et la grâce », entre ces deux pôles irréconciliables, nos vies s'épuisent en oscillations paniques, fragiles et désemparées…

J'ai toujours eu pour Eugène Fromentin – jusqu'à en écrire une biographie très personnelle[1] – une affection presque fraternelle. Cet arpenteur insatiable de son Aunis natal, des rues de Paris, puis

1. Fromentin, le roman d'une vie, *Les Belles Lettres, 2018.*

des grandes plaines d'Algérie, du Sahara et des lisières du Sahel, aura toute sa vie marché sans relâche après deux buts : être un artiste complet à la hauteur d'un double rêve (le rêve de Janus) ; être à la fois un peintre et un écrivain, ce qu'il parvint à devenir, ô combien ! ; mais avant tout : être un homme libre, intègre, exigeant, généreux, ayant atteint cette sagesse suprême qu'il résumait dans ce simple mot, « s'appartenir »... S'appartenir, oui, ne pas oublier ce qui nous rend dignes de la station debout, de ces chemins exigeants sur lesquels nous sommes appelés à marcher :

> L'épreuve temporaire étant consommée, l'expérience est riche de tout le trésor des peines ou des joies amassées ; enfin, les perspectives indéfinies du temps s'entrouvrant du même coup, les déterminations sont prises, l'inconnu lui-même se révèle et se laisse entrevoir ; les jugements sur le passé sont rigoureux, les prévisions presque infaillibles. Voilà, mon ami, ce que j'appelle s'appartenir. Quand on dispose ainsi de soi, on a toute sa valeur ; si minime qu'elle soit, elle vous grandit démesurément ; de plus, on est contemporain de toutes les époques de sa vie – on est, dans la plus haute acception du mot. Pour ma part, je ne connais pas de bonheur pareil à celui-là. Chez des êtres comme nous qui péchons par continuelle dépossession de nous-mêmes, cet état, quand il arrive,

nous transforme, et s'il durait, il pourrait nous mener où, sans lui, nous n'irons peut-être jamais[1].

Nous mener où nous n'irions peut-être jamais… Pour peu que nous veillions toujours à nous appartenir, à n'être jamais dépossédés de nous-mêmes, dans ce monde où l'artifice et le leurre abondent, la marche peut être cette grâce : cet élan renouvelé, sans cesse, vers un *toujours plus loin* et un *toujours plus haut*, que nous créons autant qu'ils nous créent.

1. *Lettre à Paul Bataillard, du 15 novembre 1844.*

Bibliographie sélective

De nombreux ouvrages ont jalonné ma route. Leurs auteurs, fort divers, sont venus marcher à mes côtés, étayer mes réflexions et éclairer mon chemin. Je n'en retiendrai ici que quelques-uns. Vivants ou disparus, qu'ils en soient vivement remerciés.

ANTHOLOGIE, *Marcher avec les philosophes*, avec les contributions d'Emmanuel Guibert, Nancy Huston, David Le Breton, Michel Serres, Frédéric Gros, Pascal Bruckner, Cédric Gras, Philosophie magazine éditeur, 2020.

ARNAUD, Jacques, *La Convergence des pôles*, Clermont-Ferrand, De Borée, 2021.

BAECQUE, Antoine de (présenté par), *Écrivains randonneurs*, Paris, Omnibus, 2013.

–, *Une histoire de la marche*, Paris, Pocket, « Agora », 2019.

BLEYS, Olivier, *L'Art de la marche*, Paris, Albin Michel, 2016.

Bobin, Christian, *L'homme qui marche*, Mazères, Le Temps qu'il fait, 1998.

Bouvier, Nicolas (avec des dessins de Thierry Vernet), *L'Usage du monde*, Paris, La Découverte-Poche, 2014.

Cassingena-Trévedy, François, *Cantique de l'infinistère, à travers l'Auvergne*, Paris, Desclée de Brouwer, 2016.

Chatwin, Bruce, *Le Chant des pistes*, Paris, Le Livre de Poche, 1990.

–, *Qu'est-ce que je fais là ?*, Paris, Le Livre de Poche, 2006.

David-Néel, Alexandra, *Journal de voyage*, Paris, Pocket, 2002 ; rééd. 2010.

–, *Voyage d'une Parisienne à Lhassa*, Paris, Pocket, 2018.

Droit, Roger-Pol, *Comment marchent les philosophes*, Paris, Paulsen, 2016.

Eberhardt, Isabelle, *Amours nomades*, Paris, Gallimard, « Folio », 2008.

Espedal, Thomas, *Marcher, ou l'art de mener une vie déréglée et poétique*, Arles, Actes Sud, « Babel », 2015.

Étienne, Jean-Louis, *Le Marcheur du pôle*, Paris, Robert Laffont, 1986.

–, *Dans mes pas*, Paris, Paulsen, 2017.

Gracq, Julien, *La Forme d'une ville*, Paris, José Corti, 1985.

–, *Autour des sept collines*, Paris, José Corti, 1988.

–, *Nœuds de vie*, Paris, José Corti, 2021.

Gros, Frédéric, *Marcher, une philosophie*, Paris, Flammarion, « Poche », 2011.

Ji, Dahai, *Un artiste chinois sur les chemins de Compostelle*, Rennes, Éditions Ouest-France, 2005.

Jourde, Pierre, *Le Tibet sans peine*, Paris, Gallimard, « Folio », 2010.

La Brosse, Gaële de (sous la direction de), *Le Petit Livre de la marche*, Paris, Salvator, 2019.

–, *Éloge du pèlerinage*, Paris, Salvator, 2021.

– (sous la direction de), *À Compostelle, hommages au chemin de Saint-Jacques*, avec les contributions d'Yves Duteil, Jean-Pierre Raffarin, Jean-Christophe Rufin, Alix de Saint-André, Martin Sheen, Patrick Tudoret, et al., Paris, Salvator, 2021.

Lachant, Jacques-Alain, *La marche qui soigne*, Paris, Payot, 2015.

Lanzmann, Jacques, *Marches et rêves*, Paris, Jean-Claude Lattès, 1988.

–, *Le Fou de la marche*, Paris, Le Livre de Poche, 1998.

Le Breton, David, *Éloge de la marche*, Paris, Métailié, 2000.

–, *Marcher, éloge des chemins et de la lenteur*, Paris, Métailié, 2012.

–, *Marcher la vie, un art tranquille du bonheur*, Paris, Métailié, 2020.

Leloup, Jean-Yves, *L'Assise et la marche*, Paris, Albin Michel, 2017.

Maréchaux, Laurent, *Écrivains voyageurs, ces vagabonds qui disent le monde*, Paris, Arthaud, 2017.

Neuviarts, Jacques, *La Marche dans la Bible*, Paris, Bayard, 2018.

NIETZSCHE, Friedrich, *Ainsi parlait Zarathoustra*, Paris, Le Livre de Poche, 1972.

PICQ, Pascal, *La Marche. Sauver le nomade qui est en nous*, Paris, Autrement, 2015.

POUSSIN, Alexandre, *Marche avant*, Paris, Robert Laffont, 2010.

ROUSSEAU, Jean-Jacques, *Les Confessions*, Paris, Gallimard, « Folio », 2009.

–, *Émile ou De l'éducation*, Paris, Garnier-Flammarion, 2009.

–, *Rêveries du promeneur solitaire*, Paris, Le Livre de Poche, 2011.

RUFIN, Jean-Christophe, *Immortelle randonnée : Compostelle malgré moi*, Paris, éditions Guérin, 2013.

SAINT-ANDRÉ, Alix, de, *En avant, route !*, Paris, Gallimard, 2010.

SOLNIT, Rebecca, *L'Art de marcher*, Arles, Actes Sud, « Babel », 2004.

STEVENSON, Robert Louis, *Voyage avec un âne dans les Cévennes*, Paris, Flammarion, 2013.

SUARÈS, André, *Le Voyage du condottière*, Paris, Le Livre de Poche, 1996.

TESSON, Sylvain, *Éloge de l'énergie vagabonde*, Paris, Pocket, 2009.

–, *Sur les chemins noirs*, Paris, Gallimard, « Folio », 2019.

–, *L'Énergie vagabonde*, Paris, Robert Laffont, « Bouquins », 2020.

THICH NHAT HANH, *Marcher en pleine conscience*, Paris, Pocket, 2019.

THOREAU, Henry David, *De la marche*, Paris, Mille et une nuits, 2020.

TRUONG, Nicolas (sous la direction de), *Philosophie de la marche*, avec les contributions d'Antoine de Baecque, Frédéric Gros, David Le Breton, Sarah Marquis, Martine Segalen et Sylvain Tesson, Paris, Éditions de L'Aube, 2018.

TUDORET, Patrick, *L'homme qui fuyait le Nobel*, Paris, Grasset, 2015 ; rééd. Mon Poche, 2018.

–, *Fromentin, le roman d'une vie*, Paris, Les Belles Lettres, 2018.

–, *Petit Traité de bénévolence*, Paris, Tallandier, 2019 ; rééd. Pocket-Agora, 2021.

WRIGHT, Charles, *Le Chemin des estives*, Paris, Flammarion, 2021.

Remerciements

Je veux exprimer ici toute ma gratitude à mon éditeur, François Maillot, ainsi qu'à Xavier de Bartillat, président des Éditions Tallandier, et pour le précieux et amical soutien de toute son équipe.